ÜBER DIE AUTORIN

Elke Clörs stammt aus Darmstadt. Sie war lange Medizinjournalistin, bevor sie ein Geschäft für Interieur und Schmuck eröffnete. Derzeit lebt sie mit ihrer Familie in Deutschland und auf Ibiza, wo sie eine kleine Designmanufaktur betreibt und anderen bei der Verwirklichung ihrer Träume hilft.

Elke Clörs

Viva Mallorca

INSELGESCHICHTEN
UND REZEPTE

Fotos von Stefan Clörs
Design & Layout von Simone Ruths

Hölker Verlag

Inhalt

Zur Entstehung

Mallorca – die Lieblingsinsel der Deutschen! Meine frühere Vorstellung von Mallorca war vor allem durch Pressebilder vom „Ballermann" geprägt, durch Schlagzeilen über Filmstars, die ihren Sommerurlaub auf teuren Jachten verbrachten, über Millionäre, die sich gigantische Villen bauten, und über A- und B-Promis aus der Schlagerwelt, die auf den Partymeilen für Stimmung sorgten. In den Nachrichten hörte ich von überfüllten Stränden und von mallorquinischen Einwohnern, die wegen der Vielzahl an Urlaubern während des Sommers unter Wasserknappheit litten. Jährlich war von rund 23 Millionen Touristen die Rede, die auf dem Flughafen Mallorcas landeten. Ich verband Mallorca mit Trinkgelagen und fragwürdiger Unterhaltungsindustrie. Das alles war für mich lange Zeit Mallorca, früher auch gern die „Putzfraueninsel" genannt.

Doch viele Freunde und Bekannte verbrachten regelmäßig ihren Urlaub auf der Insel, sie erzählten von tollen Stränden, der schönen Landschaft oder von ruhig gelegenen Ferien-Fincas. Einige Freunde zog es sogar für immer auf die Insel! Trotzdem weigerte ich mich beharrlich, einen Fuß auf diese Insel zu setzen.

Ich war seit meinem 18. Lebensjahr in die kleine, verrückte Nachbarinsel Ibiza verliebt und weitere Baleareninseln interessierten mich nicht! Inzwischen verbringe ich zusammen mit meiner Familie die meiste Zeit des Jahres auf Ibiza. Dort ist auch 2016 mein erstes Buch entstanden: Happy Hippie Cooking Ibiza. Durch den Verkauf des Buches auf dem bekannten Hippiemarkt Las Dalias in San Carlos kam ich mit vielen Menschen ins Gespräch, auch mit Besuchern von der Nachbarinsel und mit Touristen, die das erste Mal nach Ibiza kamen und von Mallorca erzählten. Unsere liebe Nachbarin Helen erzählte oft von ihrem Haus und ihrem Leben auf Mallorca. Und Marco Seita, ein Bekannter und ehemaliger Chef von mir, hatte sich vor Jahren mit seiner orthopädischen Praxis auf der Insel niedergelassen und uns des Öfteren eingeladen. Mit der Fähre braucht man ungefähr drei Stunden und mit dem Flieger nur 30 Minuten, die Entfernung von Ibiza bis nach Mallorca ist also nicht wirklich groß. Dennoch blieb ich lange standhaft und dachte nie wirklich ernsthaft über ein paar Tage auf Mallorca nach.

Ausschlaggebend für meinen Sinneswandel war der Besuch von Susanne Bähre und Sebastian Goder bei uns im Winter auf Ibiza. Sie waren auf der Suche nach einem Drehort für ihren zweiten Film und wollten sich einige Fincas auf Ibiza ansehen. Beim Abschied versprachen wir, sie einmal zu Hause auf Mallorca zu besuchen. Und so kamen wir noch im Frühjahr, vor Saisonbeginn, auf die Insel. Auf der kurzen Fahrt vom Flughafen nach Portixol sahen wir die ersten Windmühlen und die schönen Häuser mit den Natursteinfassaden – ein Kontrast zu den kubischen weißen Häusern der ibizenkischen Architektur. Schon dieser erste kurze Eindruck erstaunte mich – kein „Ballermann" weit und breit. Wir fuhren in einem kurzen Schlenker vorbei an Palma und waren begeistert von der Kulisse mit der großen Kathedrale und der endlos langen Promenade, die uns bis El Molinar führte. Zu Hause bei Susanne und Sebastian angekommen, beobachteten wir ganz fasziniert die große Anzahl sportbegeisterter Menschen, die die Promenade nutzten. So etwas kannten wir von Ibiza nicht. Trotz dieses regen Verkehrs von Sportlern und Spaziergängern herrschte hier eine entspannte Atmosphäre. Die vielen netten Bars und Restaurants und der Jachthafen mit seinen Fischerbooten vermittelten den Eindruck eines gemütlichen kleinen Dorfes. Mit dem Fahrrad konnte man entlang der Promenade direkt nach Palma fahren. Dieser kurze Urlaub war der Startschuss für die Entstehung meines zweiten Insel-Kochbuchs. Von nun an flogen wir

regelmäßig nach Mallorca, besuchten die Menschen, die wir porträtieren wollten, und lernten die Insel nach und nach kennen.

Die Bilder, die ich jahrelang in meinem Kopf hatte, bestätigten sich in keinster Weise. Mallorca hat tausend Gesichter. Am Anfang erschien es uns riesig, schließlich ist es auch sechsmal größer als Ibiza. Hier gab es Autobahnen und viel größere Distanzen. Aber auch die Vielfältigkeit der Insel überraschte uns. Überall Palmen, wohin das Auge reichte, große Kakteen, Obst- und Olivenbäume und natürlich die Weinberge in den zahlreichen Weinanbaugebieten. Alles erschien so endlos grün, es gab große Weiden mit Schafherden, Ziegen, Eseln und Pferden. Auch die Inselmitte faszinierte uns, wo echtes mallorquinisches Leben stattfand. Wir besuchten endlos lange traumhafte Sandstrände, wie Platja es Trenc oder Son Serra de Marina, malerische Fischerorte wie Porto Colom, das kleine romantische

Städtchen Santanyí, die Serra de Tramuntana und den Gebirgsort Valldemossa mit seiner Karthause und dem Chopin-Museum, das Orangental von Sóller mit seinem „Orangen-Express" und schließlich die Inselhauptstadt Palma de Mallorca mit ihren engen Gassen, den schönen Plätzen und dem riesigen Hafen, in dem große Kreuzfahrtschiffe aus aller Welt vor Anker lagen. Und das alles ist nur ein Bruchteil der Sehenswürdigkeiten Mallorcas. Es warten noch viele Höhlen, Klöster, Burgen, Leuchttürme, Strände und Buchten sowie kleine, ursprüngliche mallorquinische Dörfer darauf, von uns entdeckt zu werden. Auch würde ich gerne einmal den traditionellen Kunsthandwerkern, den Schuh- oder Korbmachern über die Schulter schauen.

Natürlich besuchten wir unerfahrenen Mallorca-Besucher zuerst einmal die bekanntesten Touristenorte aus den Reiseführern. Was mir dort besonders auffiel, war die große Anzahl deutscher Touristen. Anfang April bevölkerten unzählige Wandergruppen mit Wanderstiefeln und tarnfarbenen Jacken die Straßencafés in Santanyí und Artà. Die Speisekarten waren auf Deutsch, die Bedienungen sprachen deutsch und einfach überall war Deutsch zu hören. Ich fühlte mich fast wie in meiner Heimat im Odenwald. Kein Wunder, dass Mallorca als das „17. Bundesland" Deutschlands gilt. Damals spielte ich noch mit dem Gedanken, ein Buch zum Thema „Mallorca und

seine Deutschen" zu schreiben. Nachdem ich aber bald alle deutschen Freunde porträtiert hatte, lernte ich neue Menschen kennen. Und zum Schluss war ich sehr stolz auf mein kleines internationales Auswandererteam. Es besteht nicht aus „Happy Hippies" wie in meinem Ibiza-Buch, aber aus besonders vielen „Happy People".

Jeder hatte seine eigene kleinere oder größere Geschichte zu erzählen und alle hatten trotz der unterschiedlichen Charaktere viele Gemeinsamkeiten. Ausnahmslos sind alle in diesem Buch vorgestellten Personen herzensgute Menschen, wunderbare Gastgeber und leidenschaftliche Köche. Die Zutaten ihrer Rezepte stammten oft aus dem eigenen Garten. Eingekauft wurde, wenn möglich, in Bio-Qualität und frisch vom Markt. Auch auf die Auswahl der Rezepte bin ich sehr stolz. Auf Schweinefleisch wurde möglichst verzichtet, dafür enthalten einige Rezepte fangfrischen Fisch, Bio-Rindfleisch und Hühnchen von mallorquinischen Bauern.

Ich selbst ernähre mich inzwischen vegetarisch und bevorzuge beispielsweise Quinoa-Salate, Gemüsebratlinge, indisches Dal, leckere Gemüsesuppen und viele andere vegane und vegetarische Delikatessen. Ganz besonders gefallen haben mir daher die Rezepte des Hotels Cal Reiet, weil dort ausschließlich vegan und vegetarisch gekocht wird. Meinem

Mann fehlt ab und zu mal ein Stück Fleisch. Deshalb konnte er es kaum erwarten, bei Nicole und Timo das mallorquinische Lamm zu probieren – eine harte Probe für mich, denn ich sah ja täglich die kleinen Lämmer auf der Weide. Aber ich wollte in diesem Buch verschiedene Menschen und deren Lieblingsrezepte vorstellen und da gehört nun einmal ab und an Fleisch dazu.

In diesem Buch gebe ich meinen ganz persönlichen Eindruck von Mallorca wieder. Ich schreibe von Orten, die mir selbst gut gefallen. Für Menschen, die gerne mal eine Party feiern und keine Ruhe suchen, ist bestimmt auch der Ballermann der geeignete. Als ich mein Mallorca-Buch zum Jahresende abgeschlossen hatte, war die Partymeile am Ballermann schon geschlossen, sonst hätte ich mir auch hiervon gerne mal einen persönlichen Eindruck verschafft. Es hat mir sehr viel Freude bereitet, immer wieder neue Ecken Mallorcas entdecken zu dürfen. Überall auf der Insel hat es mir außerordentlich gut gefallen. Zwischendurch waren wir tatsächlich versucht, ganz nach Mallorca zu ziehen, aber über den genauen Wohnort müssten wir länger nachdenken. Santanyí wäre sicher in der engeren Wahl, mit seinen kleinen Geschäften, schönen Restaurants und der Nähe zum Strand. Ich würde mich aber auch in dem Gebirgsort Valldemossa sehr wohl fühlen und dann oft zu dem netten Juan frühstücken gehen. Portixol ist gemütlich, klein und familiär und man kann mit dem Fahrrad problemlos nach Palma fahren. Ich könnte mich wirklich nicht entscheiden. Unbestritten ist aber, dass ich sehr erholsam in Porto Colom auf der Finca von Sabine und Günther geschlafen habe, begleitet von den Klängen der leise klingelnden Glöckchen der Schafe auf der Wiese nebenan.

Zum Glück muss ich mich nicht auf einen mallorquinischen Ort festlegen, jedenfalls noch nicht. Der Abschied ist mir jedes Mal schwerer gefallen von den liebenswerten Menschen und diesen schönen Orten, aber ich habe mich auch immer wieder gefreut, nach Hause zu kommen in die kleine bunte Welt der Nachbarinsel mit all ihren Künstlern, Hippies und Bohemiens. Ich freue mich schon jetzt auf unseren nächsten Urlaub, den verbringen wir nämlich auf Mallorca. Mal sehen, wie lange wir bleiben werden. Wer weiß schon, wo die Reise hinführt? In meinem Herzen werde ich immer ein kleiner Nomade bleiben. Wie sagt man so schön: „Home is where your heart is."

Allen Lesern wünsche ich viel Spaß bei der Entdeckung Mallorcas fernab der Klischees – und natürlich einen guten Appetit mit einer kleinen Portion Love and Peace!

Elke Clörs

Susanne und Sebastian

Susanne Bähre und Sebastian Goder lernte ich vor ein paar Jahren in einem sozialen Netzwerk kennen. Sebastian hatte ich schon öfter im Fernsehen gesehen, er ist Schauspieler. Susanne ist Produzentin für Film und Fernsehen und eher hinter den Kulissen tätig. Sie besuchten uns auf Ibiza und luden uns auch nach Mallorca ein. So entstand eine Freundschaft. Susanne, die mit einer Blume im Haar immer ein Stückchen Flower Power mit sich trägt, hat auch ein Faible für Ibiza und kommt des Öfteren zu einem Kurzbesuch auf die Insel – einfach mal „zum Loslassen", wie sie das nennt.

Vor 18 Jahren lernten Susanne und Sebastian sich bei einem Dreh in Berlin kennen und zogen zusammen nach Ammerland am Starnberger See. Seit 2011 haben sie auch ein eigenes kleines Reich auf Mallorca. Das ehemalige Fischerdorf Portixol ist ein populärer Vorort von Palma de Mallorca und auch nicht weit weg vom Flughafen. Susannes und Sebastians Häuschen steht direkt an der großen Uferpromenade.

Mich begeistert bei meinem ersten Aufenthalt sofort die einmalige Atmosphäre hier. Vom Chill-out im Wohnzimmer aus kann man einen regen Verkehr beobachten: Radfahrer, Inlineskater, Jogger, Spaziergänger mit Hund oder Kinderwagen … Ich habe selten so viele sportbegeisterte Menschen gesehen – vielleicht

empfinde ich das auch nur so, weil ich selbst so ein Sportmuffel bin. Darüber hinaus hat man einen wunderschönen Blick aufs Meer und auf den Jachthafen. Der Ort strahlt eine unglaubliche Leichtigkeit und Ruhe aus. Die Promenade mit all ihren Restaurants und Bars lädt zum Flanieren ein. Nur ein paar Schritte sind es bis zu einem kleinen Frühstückscafé oder ein wenig weiter bis zum Restaurant Can Punta von Sonja Kirchberger, in dem wir abends leckere Falafeln essen. Ohne Auto oder Taxi zu Fuß zum Abendessen, ohne Sorgen wegen eines Gläschens Wein zu viel – das ist einfach herrlich entspannend.

Susanne entdeckt das kleine Fischerhäuschen 2011 bei einem Urlaub auf Mallorca. Es steht leer und ist renovierungsbedürftig – Liebe auf den ersten Blick! Am liebsten möchte sie sofort einziehen. Doch Sebastian ist skeptisch. Manchmal muss man dem Glück aber auf die Sprünge helfen: Kurz vor Susannes Geburtstag überrascht sie ihn mit dem Hausschlüssel. Sebastian lässt sich schließlich von Susannes Euphorie anstecken, auf geht's nach Mallorca!

In den folgenden drei Monaten wird das kleine, zunächst etwas dunkel erscheinende Fischerhäuschen auf den Kopf

gestellt. Mit viel Vintage-Holz, weißen Böden und Wänden, hellen Leinenstoffen und dem kleinen verträumten Innenhof ist es zum Inbegriff mediterraner Wohnkultur geworden. Susanne hat ihre Leidenschaft fürs Einrichten und Gestalten vollkommen ausgelebt.

Wann immer es möglich ist, zieht es die beiden hierher in die Sonne. Ihre Arbeit nehmen sie einfach mit. Dank Telefon und Internet können wichtige Drehbuchbesprechungen, Seminarvorbereitungen etc. ohne weiteres erledigt werden. Hier kann man leben, arbeiten und relaxen. Auch gibt es genügend Möglichkeiten, seinen Hobbys nachzugehen. Sebastians Motorrad steht in dem kleinen Innenhof. Damit unternimmt er regelmäßig Fahrten durch das Tramuntana-Gebirge oder verbringt gern einen Tag am Strand beim Kitesurfen.

2010 produzieren Susanne und Sebastian ihren ersten gemeinsamen Film: Der Film Deines Lebens, ein Crossover zwischen Fiction und Non-Fiction. Sebastian ist nicht nur Schauspieler und Regisseur, er arbeitet auch als Mental-Coach und Buchautor. In seinem Buch Mind Life Balance, das 2013 erschienen ist, zeigt er, wie man durch vertiefende Mentaltechniken Lebenskrisen meistern kann. Wer mehr darüber erfahren möchte, kann sich gerne zu einem Mind-Life-Balance-Seminar von Sebastian anmelden.

Jetzt steht aber erst einmal der nächste gemeinsame Film der beiden an. Dieser trägt den Titel: Die Liebe Deines Lebens. Es wird ein humorvoller, spannender, leichter Film werden. Eine Geschichte, die mit einer chaotischen Familienfeier beginnt und sich zu einer Entdeckungsreise zu sich selbst und einem tiefen inneren Frieden entwickelt. Drehort ist eine verwunschene Finca auf Mallorca!

Eine solche Finca als Begegnungsstätte und Wohlfühlort für viele Menschen – das ist der große Traum von Susanne und Sebastian. Wer weiß, vielleicht wird dieser Wunsch vom Universum erfüllt? Wir wären jedenfalls gerne zu Gast!

SOMMERLICHE MELONE

4 PERSONEN / VORSPEISE ODER SALAT / VEGETARISCH

ZUTATEN

½ **Wassermelone**
375 g Feta
Cayennepfeffer
1 Bund frische Minze
1 Bio-Zitrone

ZUBEREITUNG

Das Fruchtfleisch der Wassermelone in 1–2 Zentimeter dicke Scheiben schneiden und diese auf einer Servierplatte anrichten. Dann den Feta in dünne Scheiben schneiden und die Melonenscheiben damit belegen. Mit Cayennepfeffer würzen. Die Minze abbrausen, die Blättchen abzupfen und die Feta-Melonen-Häppchen damit garnieren. Die Zitrone aufschneiden und den Saft über die Häppchen träufeln.

FALSCHE CEVICHE À LA SUSANNE & SEBASTIAN

4 PERSONEN | HAUPTGERICHT

ZUTATEN

**3 grüne Spitzpaprika-
schoten**
**5 orangefarbene kleine
Paprikaschoten**
4 Möhren
2 frische Tomaten
8–10 weiße Champignons
5–8 Radieschen
2 kleine reife Avocados
**2 Hühnerbrustfilets
(à 150 g)**
**Kokos- oder Olivenöl zum
Anbraten**
**Salz und frisch gemahlener
schwarzer Pfeffer**

Für das Dressing:
1 große Bio-Orange
1 große Bio-Zitrone
1 EL Honig
1 Schuss Tomatenketchup
**Salz und frisch gemahlener
schwarzer Pfeffer**

ZUBEREITUNG

Paprikaschoten aufschneiden und von Samen und Scheidewänden befreien. Die Möhren schälen und die Enden abschneiden, die Tomaten waschen und den Stielansatz entfernen. Dann die Champignons putzen und mit einem sauberen Geschirrtuch abreiben. Die Radieschen putzen und hier ebenfalls die Enden abschneiden. Alles in kleine Stücke schneiden und in eine flache Schüssel geben.

Eine Avocado schälen und den Kern entfernen. Das Fruchtfleisch in kleine Stücke schneiden und zum anderen Gemüse geben. Die zweite Avocado zum Anrichten beiseitelegen. Die Hühnerbrustfilets abspülen, trocken tupfen und in Streifen schneiden. Die Filet-Streifen pfeffern und in Kokos- oder Olivenöl in einer Pfanne kross anbraten. Anschließend leicht salzen.

Für das Dressing die Orange und die Zitrone auspressen. Den Saft in eine kleine Schale geben und mit Honig, Ketchup, Pfeffer und Salz würzen. Das fertige Dressing über das Gemüse geben und alles gut vermengen.

Jetzt die zweite Avocado von Schale und Kern befreien, das Fruchtfleisch in Streifen schneiden und gemeinsam mit den gebratenen Hühnerbrustfilets auf dem Gemüse anrichten. Zur Ceviche frisches Weißbrot reichen.

DIE CEVICHE IST EIN IN LATEIN-
AMERIKA SEHR BELIEBTES GERICHT
UND WIRD TRADITIONELL MIT ROHEM
FISCH ZUBEREITET. DA SUSANNE
KEINEN ROHEN FISCH MAG, HAT SIE
IHRE "FALSCHE CEVICHE" KREIERT.

Heike und Marco

Ganz nah am sogenannten „Ballermann" liegt Can Pastilla, ein Stadtteil von Palma de Mallorca an der Nordostseite der Badia de Palma. Es ist ein beliebter Ort für Pauschaltouristen, Partyurlauber, aber auch für viele Familien vom spanischen Festland. Hier besuchen wir heute Familie Seita, liebe Freunde aus meiner alten Heimat in Deutschland. Can Pastilla ist perfekt für Heike, Marco und die Kinder Hannah und Charlotte. Der lange breite Sandstrand befindet sich direkt vor der Haustür. Deshalb beschlossen wir, den gemeinsamen Tag mit einem Picknick zu verbringen. Es war ein wunderschöner Sonntag inmitten spanischer Einheimischer, die mit Campingstühlen,

Sonnenschirmen und Kühlboxen angereist waren, um ihren freien Tag am Meer zu verbringen.

Marco Seita stammt aus Ober-Ramstadt in der Nähe von Darmstadt in Hessen. Er ist Orthopäde und Sportmediziner. Auch privat ist er viel sportlich unterwegs. Er geht golfen, Fahrrad fahren und schwimmen. Viele Jahre war Basketball seine größte Leidenschaft. Er spielte in der Bundesliga und sogar in der deutschen Nationalmannschaft. Er studierte in Deutschland erst Volkswirtschaft und Jura, später in den USA Zahnmedizin und Sport. Nur durch Zufall wurde er Orthopäde. Fünf Jahre arbeitete er in einer Praxis in Jena,

bevor er sich in Michelstadt im Odenwald selbstständig machte.

Dort lernte ich ihn 2001 kennen. Nach einer längeren beruflichen Auszeit war ich auf der Suche nach einem Teilzeitjob. Durch ein Inserat kam ich zu einem vollkommen untypischen Vorstellungsgespräch in Marcos Praxis. Ich hatte lange Jahre bei der Ärzte-Zeitung im Ressort Medizin gearbeitet und gute Vorkenntnisse im medizinischen Bereich. Am PC hatte ich bisher nur mit dem Redaktionssystem der Zeitung gearbeitet. Als Marco mich nach meinen Computerkenntnissen fragte, musste ich meine Unkenntnis eingestehen. Er war erstaunt, fragte aber humorvoll, ob mir die Return-Taste ein Begriff sei. Ich antwortete: „Ja, die kenne ich. Und sogar die Escape-Taste ist mir bekannt." Daraufhin lachte er und sagte nur: „Eingestellt!" Dieses Vorstellungs-

gespräch werde ich niemals vergessen. Die folgende Zeit in der Praxis war sehr schön. Es gab immer viel zu tun und das gesamte Praxisteam war einfach großartig. Marco besuchte viele Fortbildungen, um auf dem neuesten Stand zu sein, und war stets auf der Suche nach alternativen Heilmethoden, um nicht immer gleich operieren zu müssen.

Nach zehn Jahren mit eigener Praxis im Odenwald entdeckte er zufällig eine Zeitungs-Anzeige von einem Orthopäden, der seine Praxis auf Mallorca aufgeben wollte. Marco setzte sich mit ihm in Verbindung. Schon kurze Zeit später arbeitete er im Wechsel eine Woche auf Mallorca und drei Wochen in Deutschland. Doch diese eine Woche reichte bald nicht mehr aus, da es auf Mallorca viele deutsche Auswanderer gab, die einen deutschsprachigen Arzt bevorzugten. Marcos Terminkalender wurde immer voller. Aus einer Woche Mallorca im Monat wurden zwei, dann drei und er hatte schließlich immer weniger Zeit für seine Familie. Zwei Jahre pendelte er hin und her, bis die Familie im Jahr 2012 beschloss, ganz nach Mallorca zu ziehen. Inzwischen befindet sich Marcos orthopädische Praxis MediSport in Bendinat, im Gemeindebezirk Calvià. Für Notfälle bietet er außerdem einen inselweiten 24-Stunden-Notdienst mit Hausbesuchen an.

Auf Mallorca angekommen, belegte Heike zunächst einen Spanischkurs. Sie

kümmerte sich um den Haushalt und die Kinder, die von nun an auf eine spanische Schule gingen. Dann begann sie, Marco in der Praxis zu unterstützen. Ursprünglich stammt Heike aus Neuhaus am Rennweg im Thüringer Wald. Nach dem Abitur absolvierte sie ein Magisterstudium in Erziehungswissenschaften, Soziologie und Psychologie. Sie arbeitete lange als Wohnbereichsleiterin in der Thüringer Diakonie in Jena. Als sie Marco dort kennenlernte, zog sie der Liebe wegen kurze Zeit später zu ihm in den Odenwald und war fortan im Sozialdienst der Asklepios Schlossberg Klinik in Bad König tätig. Hier betreute sie Menschen mit schweren Schicksalen – keine leichte Tätigkeit. Nach den Geburten ihrer Töchter Hannah und Charlotte gründete sie gemeinsam mit anderen Müttern eine private Kinderkrippe, die auch heute noch existiert.

Heike liebt ihren Beruf und wollte ihn deshalb auch auf Mallorca wieder ausüben. Inzwischen ist sie zusammen mit ihrer Freundin Katrin Hoberg Inhaberin der Agentur Kids up Mallorca. Hier wird ein professioneller internationaler Kinderbetreuungsservice angeboten. Gemeinsam mit den Kunden werden individuelle Betreuungspakete ausgearbeitet. Langeweile wird es nicht geben, hier handelt es sich nicht um eine typische „Aufbewahrung" für Kinder, sondern diese können

wieder lernen zu spielen. Für viele Kinder eine ganz neue Erfahrung, die Zeit mal ohne Handy, Computer oder Fernsehen zu verbringen. Die Agentur bietet auch Haus- oder Hotelbesuche an. Wer also auf Mallorca mit Kindern Urlaub macht und eine Betreuung sucht oder auch mal einen besonderen Kindergeburtstag organisiert bekommen möchte, ist bei ihr an der richtigen Adresse.

Gefragt nach Ihren Zukunftsplänen, haben Heike und Marco ganz konkrete Vorstellungen: Heike würde in den Wintermonaten gerne für die vielen deutschsprachigen Auswanderer auf der Insel ein paar Workshops anbieten oder gemeinsame Wanderungen mit Fitnessübungen organisieren und Marco träumt von einer Wasserballmannschaft auf Mallorca.

Also, wer sich daran beteiligen möchte, bitte melden!

SIZILIANISCHES OLIVENBROT

4 PERSONEN / BEILAGE / VEGETARISCH

ZUTATEN

500 g Mehl
1 Pck. Trockenhefe
1 kleine Zwiebel, fein
gewürfelt
1 Handvoll schwarze Oliven,
entsteint und halbiert
250 g Gouda, gewürfelt
1 TL Salz

Außerdem:
Backblech, Backpapier

ZUBEREITUNG

Mehl, Hefe und 400 Milliliter lauwarmes Wasser vermischen. Alle weiteren Zutaten zufügen und zu einem Teig verarbeiten. Anschließend mit einem sauberen Küchentuch abgedeckt 1 Stunde lang an einem warmen Ort gehen lassen.

Den Backofen auf 200 °C vorheizen.

Wenn der Teig etwa auf die doppelte Größe aufgegangen ist, einen Laib daraus formen. Ein Backblech mit Backpapier auslegen und den Teig mittig darauflegen. Das Brot die ersten 10 Minuten auf 200 °C, danach weitere 35 Minuten bei 180 °C backen. Die Backzeit beträgt insgesamt 45 Minuten.

Am besten schmeckt das Olivenbrot ganz frisch aus dem Backofen!

TIPP: Je nach Belieben können dem Teig weitere Zutaten zugefügt werden – für ein Pizzabrot beispielsweise 100 Gramm Salami und 2 klein gehackte Knoblauchzehen. Gut passen auch klein gehackte mediterrane Kräuter!

HEIKES LIEBLINGSKRÄUTERBUTTER MIT RUCOLA & GETROCKNETEN TOMATEN

4 PERSONEN / DIP ODER BROTAUFSTRICH / VEGETARISCH

ZUTATEN

20 g frischer Rucola
4 sonnengetrocknete
Tomaten (in Öl eingelegt)
250 g weiche Butter
1 TL Salz

Außerdem:
Form für die Kräuterbutter

ZUBEREITUNG

Den Rucola putzen und klein hacken. Die Tomaten so klein wie möglich würfeln. Beides mit der weichen Butter vermengen. Anschließend salzen. Die Masse in eine Form geben und ins Gefrierfach stellen, damit die Kräuterbutter schnell fest wird.

TIPP: Besonders gut schmeckt sie auf frischem Baguette!

SANGRIA

4 PERSONEN / GETRÄNK

ZUTATEN

750 ml kräftiger Rotwein
50 ml Orangenlikör
25 ml Gin
frisch gepresster Saft von
5 Orangen
1–2 Pfirsiche
1–2 Bio-Orangen
1 Bio-Limette
2 Zimtstangen
3–4 EL Zucker (optional)

Außerdem:
Karaffe, Zitronenpresse,
Sieb, Eiswürfel

ZUBEREITUNG

Den Rotwein, Orangenlikör und Gin in eine Karaffe füllen. Den frisch gepressten Orangensaft durch ein Sieb gießen und zum Alkohol geben. Das Obst abspülen und trocken tupfen. Die Limette in Scheiben schneiden, die Pfirsiche würfeln, die Orangen halbieren und in dünne Scheiben schneiden. Alles zusammen mit den Zimtstangen zum Alkohol geben. Wer es gerne süßer mag, kann etwas Zucker unterrühren. Die fertige Sangria mindestens eine ½ Stunde kalt stellen.

Mit Eiswürfeln servieren.

APFELMUSKUCHEN MIT HAFERFLOCKEN

ERGIBT CA. 12 STÜCKE / KUCHEN

ZUTATEN

200 g Weizenmehl
3 gestrichene TL Backpulver
150 g Zucker
1 Pck. Vanillezucker
½ TL gemahlener Zimt
1 Prise Salz
½ TL Abrieb von 1 Bio-Zitrone
4 Eier
6 EL Speiseöl
500 g Schmand
200 g kernige Haferflocken
1 Glas Apfelmus (350 g)

Für die Krokantmasse:
6–7 EL kernige Haferflocken
2 EL Sonnenblumenkerne
4 EL Zucker

Außerdem:
Springform (Ø 26 cm),
Handrührgerät, Backpapier

ZUBEREITUNG

Den Backofen auf 180 °C vorheizen und die Springform einfetten.

Mehl und Backpulver mischen. Zucker, Vanillezucker, Zimt, Salz, Zitronenschale, Eier, Speiseöl und 125 Gramm Schmand zugeben und mit einem Handrührgerät auf höchster Stufe zu einem glatten Teig verrühren. Dann die Haferflocken und das Apfelmus unterrühren. Den Teig in die Springform geben und glatt streichen.

Den Kuchen bei 180 °C etwa 55 Minuten lang backen. Auf dem noch warmen Kuchen den restlichen Schmand verteilen und erkalten lassen.

Für die Krokantmasse die Haferflocken und Sonnenblumenkerne ohne Öl in einer Pfanne goldbraun anrösten. Den Zucker in einem kleinen Topf schmelzen lassen, Sonnenblumenkerne und Haferflocken dazugeben und alles karamellisieren. Die fertige Krokantmasse auf ein Backpapier geben und erkalten lassen. Mit den Händen zerkrümeln und über den Kuchen streuen.

Petra und Henning

Das Cal Reiet-Holistic-Retreat in Santanyí ist ein ganzheitlich orientiertes Wellness-Refugium. Die Philosophie des Hotels: Hier steht der Mensch im Mittelpunkt! Yoga, Meditation und viele verschiedene Behandlungsformen sollen helfen, Körper, Seele und Geist in Einklang zu bringen. Überall an diesem Ort, bei der Einrichtung und Dekoration der Zimmer, der schön angelegten Gärten, der großen Poollandschaft mit ihren behaglichen Ruhezonen und nicht zuletzt bei jedem einzelnen Mitarbeiter, spürt man, dass hier alles auf Wohlbefinden ausgerichtet ist. Durch Zufall habe ich bei einem dort stattfindenden Fotoshooting die sympathischen Eigentümer Petra und Henning Bensland kennengelernt.

Wir kamen ins Gespräch und verabredeten uns spontan zu einem gemeinsamen Wochenende im Cal Reiet.

Mit Spannung erwartete ich das Wiedersehen, das vegetarische Essen und die Geschichte von Petra und Henning. Die Küche des Cal Reiet bietet Rohkost, vegane und vegetarische Speisen. Da ich selbst kein Fleisch esse, war ich neugierig auf neue Rezepte. Wir kamen morgens früh mit dem ersten Flieger aus Ibiza an, hatten Hunger und waren voller Vorfreude auf den leckeren Brunch.

Das Hotel beschäftigt insgesamt sechs Köche mit unterschiedlichen Aufgabengebieten. Weißmehl und raffinierten Zucker gibt es hier nicht. Obst und Gemüse kommen saisonal und frisch aus der Region auf den Tisch und alle weiteren Nahrungsmittel werden so weit wie möglich in Bio-Qualität eingekauft. Natürlich gibt es eine große Auswahl selbst gebackener Brotsorten und auch die Marmeladen, Chutneys und Dips werden alle frisch hergestellt.

Die Frühstücksfee ist Rosa, sie kommt jeden Morgen pünktlich um sechs Uhr gut gelaunt und entspannt mit ihrer lilafarbenen Ente zur Arbeit. Es macht Spaß zu sehen, mit welcher Freude und Leichtigkeit sie die Köstlichkeiten zubereitet. Beim Brunch konnte ich mir die schönsten Gerichte für dieses Buch aussuchen, und als wir uns später in der Küche trafen, konnte Rosa mir alle ihre Rezepte aufschreiben, ohne nachzuschlagen. Ich war total fasziniert von ihr. Rosa ist eine ganz bemerkenswerte Person, Kochen ist für sie eine Passion. „Food is a way of love", sagt sie – und da kann ich nur zustimmen. Die Ernährung ist die Basis unserer Gesundheit und unseres Wohlbefindens. Am allermeisten überraschte es mich aber, womit sie ihr Engagement hier im Hotel begründete: Das Geld, das sie verdient, spendet sie an ein Kinderhilfswerk in Indien. Jedes Jahr reist sie in den Wintermonaten mit ihrem Lebensgefährten dorthin. Vorab schickt sie Pakete und sammelt Geld, um es direkt da einsetzen zu können, wo es am nötigsten gebraucht wird. Rosa verbringt die meiste Zeit im

House of the children in Kesaragere, offiziell heißt es Vanaprastha international School. Anschließend reist sie gewöhnlich nach Kalkutta, um dort in dem von Mutter Teresa eingerichteten Sterbehaus mitzuarbeiten. Zusammen mit den vielen freiwilligen Helfern aus aller Welt holt sie kranke, alte Menschen von der Straße, wäscht und füttert sie und spendet ihnen Trost in den oft nur wenigen Tagen, die ihnen noch bleiben. „Sie erzählen mir ihre Lebensgeschichte. Ich verstehe die Sprache zwar nicht, aber ich kann geduldig zuhören", sagt Rosa. Dieses Jahr wird sie sich selbst aber auch etwas Gutes tun und ein paar Tage in Goa verbringen, im Yoga-Retreat-Hotel von Gyanmitra Rajeev Dubey, der im Sommer im Cal Reiet unterrichtet. Ihre Erzählungen rühren mich zu Tränen und ich würde gerne noch mehr von ihrer Arbeit in Indien erfahren – sicher genügend Stoff für ein weiteres Buch!

Während des Brunchs lernen wir weitere Hotelmitarbeiter kennen und ich empfinde bei allen das Gleiche: Sie sind liebenswürdig, arbeiten ohne unnötige Hektik, alle sind damit beschäftigt, uns jeden Wunsch von den Augen abzulesen. Dabei sind wir bei der Auswahl des Buffets schon wunschlos glücklich! Während mir in anderen Hotels oft nur Käse und Tomaten bleiben oder mal ein wenig Obst, gibt es hier für Veganer, Vegetarier und Rohkostliebhaber wirklich alles, was das Herz begehrt. So viele verschiedene frisch

gebackene Brotsorten, leckere Müslizuta-
ten und verschiedene Arten von veganem
Milch- und Käseersatz, frisches Obst,
eine Auswahl von Raw-Cake-Varianten
und köstlichen Dips ... Ach, und so vieles
mehr, ich kann gar nicht alles aufzählen.

Auch Rafel, den Küchenchef, haben wir
gleich ins Herz geschlossen. Er ist Experte
für energetisches Kochen und servierte
uns in einer großen Pfanne eine seiner
Spezialitäten: Spicy Eggs. Ein hervorra-
gendes Rezept, das natürlich unbedingt
mit in dieses Buch musste!

Nach dem reichhaltigen Essen unternah-
men wir einen kleinen Rundgang durch
das elegante Anwesen. Diese außergewöhnliche Begegnungsstätte konnten nur
zwei ganz besonders herzliche Menschen
erschaffen. Abends saßen wir mit Petra
und Henning gemütlich am Kamin und
erfuhren mehr von ihnen. Die beiden
leben in der Schweiz, kommen aber mindestens einmal im Monat nach Mallorca.
In ihrer Abwesenheit leitet Johanna, die
Managerin, das Hotel, es ist also in besten
Händen.

Petra stammt aus Schaffhausen in der
Schweiz und Henning kommt ursprünglich aus Schweden und ist in Stockholm
geboren. Die beiden sind seit 23 Jahren
verheiratet und haben sich 1992 im Pan-
tanal, einem Feucht- und Naturschutzgebiet in Brasilien, kennengelernt. Beide
machten dort Urlaub und Petra entdeckte
„den schönen Schweden", wie sie ihn
nennt, beim Piranha-Fischen. Als sie ins
Gespräch kamen, stellten sie fest, dass sie
drei gemeinsame Inlandsflüge gebucht
hatten. So begegneten sie sich immer wieder und tatsächlich waren sie am Ende
des Urlaubs auch im gleichen Flieger nach
Rio de Janeiro und verbrachten noch ein
paar gemeinsame Stunden an der Copa-
cabana.

Petra arbeitete als Radiojournalistin in
der Schweiz und hatte bei einem lokalen
Sender eine Morgensendung. Henning
war als Ingenieur auf selbstständiger
Basis für ein großes Telekommunikati-
onsunternehmen in -verschiedenen Ländern Europas tätig. Bereits ein halbes
Jahr nach ihrem Brasilienurlaub kündigte
Petra ihren Job und zog zu Henning, der
damals in Budapest lebte. Zu Anfang
unterrichtete sie Deutsch an einer Schule,
da sie in der Schweiz ein Lehramtsse-
minar absolviert hatte. Dann kam ihre
Tochter Sabrina zur Welt. Kurze Zeit später siedelte die Familie nach Prag um, wo
ihr Sohn Sebastian geboren wurde. Als
sie später wieder zurück in die Schweiz
zogen, kam ihr Sohn Alexander zur Welt.
Henning war beruflich ständig unterwegs

und Petra nahm ihren Job beim Radio wieder auf. Sie begann, sich außerdem für Yoga und Meditation zu interessieren, und eröffnete 2014 zusammen mit zwei Geschäftspartnerinnen ihr Yogastudio Yogalements am Zürichsee. An fünf Tagen in der Woche nutzen schon morgens um sieben Uhr die ersten Yogaschüler das dortige Angebot.

Doch wo Licht ist, ist auch Schatten. Die Familie erlitt einen herben Schicksalsschlag, als Henning vor circa zehn Jahren schwer erkrankte. Dies erforderte die sofortige Veränderung seiner Lebensumstände. Er verkaufte den größten Teil seiner Unternehmen und begab sich auf die Suche nach einem Ort, wo er eine besondere Begegnungsstätte schaffen konnte, die ganz im Zeichen von Gesundheit und Ernährung stehen sollte. 2012 fand er die alte Villa in Santanyí, die im Jahre 1881 von einem spanischen Reeder erbaut worden war. Er kaufte sie und begann 2013 mit aufwendigen Umbau- und Modernisierungsmaßnahmen.

Mithilfe von Architekten und einem großen Einrichtungsteam wurde gemeinsam ein Konzept erarbeitet, das einen Teil der alten Atmosphäre und des Geistes des Anwesens erhalten sollte. So findet man heute in jedem Zimmer ein Stück vergangener Zeiten: einen alten Spiegel, einen Stuhl, einen Sessel oder auch mal einen gut erhalten Balken. Im Restaurant steht noch das alte Klavier, und manch-

mal kommen die Enkel des Vorbesitzers vorbei und erinnern sich an die Zeiten, als ihr Großvater hier komponierte und spielte.

Das Cal Reiet ist der perfekte Veranstaltungsort für Hochzeiten, Seminare oder geschäftliche und private Veranstaltungen. Von Mitte März bis Mitte November finden Yogakurse und ganzheitlich orientierte Wellness-Retreats statt. Auch wer nicht zu Gast in dem Hotel ist, kann an diesen Kursen teilnehmen. Und für den Sonntagsbrunch, einen Lunch oder ein Dinner im hoteleigenen Restaurant können Plätze nach Voranmeldung reser-

viert werden. So erhält man einen kleinen Einblick in diesen paradiesischen Ort.

Petra und Henning haben noch viel vor. Henning möchte mehr Landwirtschaft betreiben, eigene Hühner und Schafe halten, Bienen züchten und Honig herstellen. Auch könnte noch mehr Gemüse im Garten angebaut werden. Petra würde gerne mehr eigene Yogakurse anbieten, aber ihre Kinder haben noch nicht alle eine abgeschlossene Ausbildung, daher möchte sie noch in der Schweiz für sie da sein.

Das ganze Ambiente und die Stimmung des Teams im Cal Reiet laden zum Wohlfühlen ein. Petra und Henning springen ein, wenn Hilfe gebraucht wird, und es ist einfach ein herzliches Miteinander. Ich staune über all die interessanten, unterschiedlichen Menschen, die wir hier treffen: barfuß laufende Yogis, die auf dem Weg zu einem der Kurse sind, bunt gekleidete Gäste mit einem Hauch Flower Power und dazwischen Geschäftsleute, die sich angeregt unterhalten, oder Familien mit kleinen Kindern, die hier Urlaub machen. Im Gegensatz zu vielen anderen Orten auf Mallorca, wo wir zum größten Teil nur die deutsche Sprache hörten, werden hier verschiedene Sprachen gesprochen. Es finden viele herzliche Begegnungen statt. Das Ganze hat ein internationales Flair und ich spüre ein wenig Love and Peace von der Nachbarinsel! Fast ein kleines Stückchen Ibiza, bestimmt ein weiterer Grund, warum ich mich hier wie zu Hause fühle.

IN DER OFFENEN KÜCHE
WERDEN DIE WÜNSCHE BEIM
SONNTAGSBRUNCH GERNE ERFÜLLT

Spicy Eggs à la Rafel

4 Personen / Hauptgericht / vegetarisch

Zutaten

3 EL Olivenöl (Extra Vergine)
1 Knoblauchzehe, in feine Scheiben geschnitten
1 mittelgroße Zwiebel, fein gewürfelt
1 rote Paprikaschote, fein gewürfelt
2 Tassen passierte Tomaten (Glas)
1 TL Tandoori Masala (indische Gewürzmischung, online, im Asialaden oder Feinkostgeschäft erhältlich)
1 mittelgroße Zucchini, in feine Scheiben geschnitten
6 Eier
Salz und frisch gemahlener schwarzer Pfeffer
½ Tasse frisch gehackte Petersilie zum Garnieren
½ Tasse frisch gehobelter Rotkohl zum Garnieren

Zubereitung

Das Olivenöl in eine große Pfanne geben. Knoblauch, Zwiebel und Paprika zugeben und mit einer Prise Salz und Pfeffer würzen. Für 7–8 Minuten bei mittlerer Hitze dünsten. Die passierten Tomaten zufügen, mit Tandoori Masala und einer weiteren Prise Salz und Pfeffer abschmecken. Alles 8–9 Minuten kochen. Die Zucchini-Scheiben zugeben und für weitere 2–3 Minuten kochen. Nicht umrühren!

Die Eier in die Pfanne aufschlagen, direkt auf die Zucchini-Scheiben. Mit Salz und Pfeffer würzen und die Eier in der zugedeckten Pfanne 5 Minuten stocken lassen. Zum Anrichten gehackte Petersilie und Rotkohlstreifen darüber streuen.

TIPP:
BEI DER DEKORATION DES
OBSTKUCHENS SIND DER FANTASIE
KEINE GRENZEN GESETZT! BESONDERS
GUT EIGNEN SICH FRISCHE FEIGENSTÜCKE,
PFIRSICHSCHEIBEN, ROTE BEEREN, KAKAO
ODER EINFACH KOKOSRASPEL.

MALLORCA-OBSTKUCHEN

8 PERSONEN / KUCHEN / VEGAN

ZUTATEN

1 Tasse Mandeln
1 Tasse Walnusskerne
1 Tasse Aprikosen (getrocknet)
½ Tasse Medjool-Datteln (getrocknet)
½ TL Zimt
2 EL Agavendicksaft
6 frische Feigen
8–10 Pfirsiche
¾ Tasse Mineralwasser
¼ Tasse Zitronensaft
½ Tasse Kokosblütenzucker
1 EL Agar-Agar (pflanzliches Geliermittel)

Außerdem:
Mixer, Backpapier, Springform (Ø 25 cm)

ZUBEREITUNG

Die Mandeln und Walnusskerne in einen Mixer geben und zerkleinern. Die getrockneten Aprikosen und Datteln in Stücke schneiden und zusammen mit dem Zimt in den Mixer geben. Alles etwas länger mixen und mit Agavendicksaft süßen. Den Boden der Springform mit Backpapier auslegen und die Masse aus dem Mixer so darauf verteilen, dass ein gleichmäßiger Tortenboden entsteht. Diesen kalt stellen.

In der Zwischenzeit das Obst abspülen, von Kernen befreien und schälen. Alles in kleine Stücke schneiden und zusammen mit dem Mineralwasser, Zitronensaft und dem Kokosblütenzucker in eine tiefe Pfanne geben. Auf mittlerer Hitze für 10 Minuten kochen, bis die Flüssigkeit cremig wird. Agar-Agar zugeben und auf ganz niedriger Stufe für weitere 5 bis 10 Minuten köcheln lassen. Die Masse zum Abkühlen für etwa 15 Minuten in eine Schale geben und anschließend auf den Tortenboden streichen.

Den fertigen Kuchen mindestens 4 Stunden im Kühlschrank kalt stellen, damit das Agar-Agar fest werden kann. Mithilfe eines Messers den Kuchen vom Springformrand lösen und ihn nach Lust und Laune dekorieren.

RICOTTA-KUCHEN

8 PERSONEN / KUCHEN / VEGETARISCH

ZUTATEN

1 Tasse Kokosblütenzucker
500 g frischer Ricotta
6 Eier
1 Prise Zimt
1 Prise Vanille (gemahlen)
Kokosöl zum Einfetten
1 Tasse rote Beeren
(frisch oder TK)

Außerdem:
Mixer, Springform (Ø 25 cm)

ZUBEREITUNG

Den Backofen auf 180 °C vorheizen.

Eine ¾ Tasse des Kokosblütenzuckers mit dem Ricotta, den Eiern, Zimt und Vanille in einem Mixer so lange mixen, bis eine cremige Masse entsteht.

Einige Tropfen Kokosöl in die Springform geben und mit einem Küchenpinsel verteilen. Die Kuchenmasse hineingeben und für 35–40 Minuten im Ofen backen.

In der Zwischenzeit die Beeren in einer Pfanne mit dem restlichen Kokosblütenzucker auf niedriger Flamme für 7 Minuten einkochen. Die Beeren vorm Servieren als Topping auf den Kuchen geben.

BANANENKUCHEN

8 PERSONEN / KUCHEN / VEGAN

ZUTATEN

2 Tassen Dinkelvollkornmehl
¾ Tasse Kokosblütenzucker
½ Tasse Kokosöl
(alternativ Sonnenblumenöl)
¼ TL Meersalz
1 gestrichener TL Backpulver
7 reife Bananen
3 Medjool-Datteln
1 Handvoll Walnusskerne
(optional)

Außerdem:
Mixer, Backpapier,
kleine Kastenform

ZUBEREITUNG

Den Backofen auf 180 °C vorheizen.

Mehl, Kokosblütenzucker, Öl, Salz und Backpulver im Mixer vermengen. 6 Bananen schälen und würfeln, die Datteln und Walnusskerne grob hacken und alles unter die Mehlmischung heben, bis eine homogene Masse entsteht. Die Masse in eine mit Backpapier ausgelegte Kastenform gießen. Die letzte Banane schälen, in 2 Hälften teilen und auf den Kuchen legen. Den Kuchen bei 180 °C für 1 Stunde backen.

BANANENPFANNKUCHEN

4 PERSONEN / SÜSSPEISE / VEGAN

ZUTATEN

1 Banane
1 Tasse Haferflocken
1 Tasse Hafermilch
1 Prise Zimt
1 Prise gemahlene Vanille
(optional)
Kokosöl zum Braten
Agavendicksaft oder Kokosblütenzucker zum Garnieren

Außerdem:
Mixer

ZUBEREITUNG

Alle Zutaten im Mixer zu einem Teig verrühren. Etwas Kokosöl mit einem Küchenpinsel in einer angewärmten Pfanne verteilen. Mit einem Esslöffel etwas Teig in die Pfanne geben und den Teig von beiden Seiten ausbacken. Die fertigen Pfannkuchen auf einem Teller stapeln und mit Agavendicksaft oder Kokosblütenzucker garnieren.

TIPP:
DIE PFANNKUCHEN SCHMECKEN AUCH GUT MIT SELBST GEMACHTER MARMELADE ODER FRISCHEM OBST, ZUM BEISPIEL MIT ROTEN BEEREN!

KOKOS-CHIA-PUDDING

4 PERSONEN / SÜBSPEISE / VEGAN

ZUTATEN

400 ml Kokosmilch
4 EL Chiasamen
**4 TL Marmelade (am besten
selbst gemacht)**

Außerdem:
Schneebesen

ZUBEREITUNG

Die Kokosmilch zusammen mit den Chiasamen in eine Schüssel geben und kräftig mit einem Schneebesen verrühren. In kleine Portionsgläser oder Schälchen füllen und über Nacht im Kühlschrank kalt stellen. Vor dem Servieren je einen Teelöffel Marmelade auf den Pudding geben.

TIPP: Dieses Rezept lässt sich in jeder Menge ganz einfach zubereiten! Anstelle von Marmelade kann man den Pudding auch mit frischem, klein geschnittenem Obst oder gehackter, dunkler Schokolade servieren.

Kiki und Bernd

Kiki, wie Kirsten Sproet genannt wird, ist im Süden Hollands geboren, Bernd Wittmann stammt ursprünglich aus München. Beide leben und arbeiten seit mittlerweile 17 Jahren in Santanyí, einem etwa 700 Jahre alten, malerischen Dorf im Süden Mallorcas. Es ist ein beliebter Ausflugsort für Touristen. Besonders an den Markttagen herrscht hier buntes Treiben. In der kleinen Hauptstraße, die zum Ortskern führt, hat Kiki ein Geschäft namens mimar – das ist Spanisch und bedeutet so viel wie „verwöhnen". So präsentiert es sich auch mit einem Sortiment aus Dekorativem und Nützlichem, also Dingen, die der Seele guttun. Das Geschäft verfügt über zwei Etagen und einen kleinen verträumten Innenhof –

einfach ein Ort, an dem man gerne verweilen möchte.

Im Jahr 2001 kaufte Kiki ein kleines Zelt, packte das Auto voll und startete mit ihrer Freundin Richtung Süden, der Sonne entgegen. Sie hatten Geld gespart für eine halbjährige Auszeit und waren voller Abenteuerlust. Kiki hatte genug von ihrer langweiligen Büroarbeit und den gelegentlichen Modeljobs. Sie hat ein abgeschlossenes Studium in Modedesign, aber, wie sie lächelnd meint, mangelte es ihr an Geduld bei der Ausfertigung. Ideen hat sie dafür mehr als genug. Und so lässt sie diese heute andere für sich umsetzen. Sie liebt es, ihre eigenen Kreationen zu verkaufen. In Zusammenarbeit

mit verschiedenen Modelabels entstehen exklusive Modelle, die man dann in ihrem Geschäft oder ihrem kleinen Onlineshop erwerben kann.

Wie geplant, starteten Kiki und ihre Freundin im April 2001 mit den ersten Sonnenstrahlen. Erst ging es nach Italien, dann nach Frankreich und schließlich nach Spanien. Leider war die Urlaubskasse schon im Mai leer. Also war Jobsuche angesagt. Kiki hatte Freunde auf Mallorca, die eine Bar betrieben. Spontan buchten sie und ihre Freundin eine Fähre auf die Insel. Sie hatten Glück, es gab viel zu tun und beide konnten noch am gleichen Tag anfangen. Und wie das in der Tourismusbranche so üblich ist, arbeiteten sie bis zum Ende der Saison durch. Das ist oft die einzige Möglichkeit, um Reserven für die Wintermonate anzulegen.

Die Arbeit machte Kiki sehr viel Spaß und sie lernte viele Menschen kennen. Unter anderem Bernd, ihren zukünftigen Lebenspartner. Bernd war ein Jahr zuvor zusammen mit seinem Vater auf die Insel gekommen, um sich in der Sonnenschutzbranche selbstständig zu machen. Auch heute noch vertreibt er Sonnensegel, ausschließlich für den Luxusbereich. Diese werden zu 100 % individuell für den Endkunden gefertigt, sind extrem langlebig und haben ein tolles Design. Die größten sind bis zu 70 qm groß und werden elektrisch betrieben. Ich staunte nicht schlecht, als ich eines davon in seinem Garten sah. Bernd ist ein echter Allrounder, er hat Betriebswirtschaft mit Schwerpunkt Marketing studiert, ist handwerklich begabt, malt, fotografiert und ist leidenschaftlicher Hobbykoch. Am liebsten aber renoviert er alte Häuser und richtet sie gemeinsam mit Kiki geschmackvoll ein. Sie ergänzen sich großartig.

Als die beiden sich kennenlernten, ahnten sie noch nicht, dass ihre Liebesbeziehung auf eine schwere Probe gestellt werden sollte. Zum Ende der Saison ging Kiki kurz zurück nach Holland, um ihre Wohnung aufzulösen. Sie hatte beschlossen, auf Mallorca zu bleiben und bei Bernd einzuziehen. Doch noch im November kam der Schicksalsschlag: Kiki erkrankte an einer Lebensmittelvergiftung. Sie brauchte über zehn Jahre, um sich davon zu erholen. Während dieser Zeit suchte sie Hilfe bei Ärzten und Heilpraktikern im In- und Ausland. Sie litt an vollkommener Erschöpfung, Depressionen und einem Burn-out-Syndrom. Niemand schien ihr wirklich helfen zu können.

In dieser Zeit schenkt ihr jemand auf dem Markt einen kleinen Mischlingswelpen, den keiner haben möchte. Er bekommt den Namen Sadiki. Zusammen mit Sadiki

mimar

TIPP:
DER MARKT IN SANTANYÍ
FINDET MITTWOCHS UND
SAMSTAGS IN DER ZEIT VON
9.00 BIS 13.00 UHR STATT!

und ein paar heimatlosen Katzen ziehen Kiki und Bernd in eine Finca auf dem Land. Es ist eine schwere Zeit. Sie können nur wenig soziale Kontakte pflegen, da Kiki schnell erschöpft ist. Sie unternimmt kleine Spaziergänge, beginnt mit Yoga und verbringt die meiste Zeit mit Bernd und den Tieren allein zu Hause. Er kümmert sich um alles, übernimmt den Haushalt und überlegt sich ständig, wie er ihr helfen kann. So entsteht eines Tages „Das Buch der positiven Dinge". Aus Zeitschriften und Magazinen schneidet Bernd besonders schöne Fotos aus, die viel Positives ausstrahlen, und versieht sie mit Lebensweisheiten und kleinen Zitaten. Er möchte die Welt für Kiki wieder lebenswert machen und ihr all die Schönheiten des Lebens zeigen. Und er hat Erfolg! Endlich möchte sie wieder etwas tun. Inspiriert durch all die hübschen Dinge, kommt sie auf die Idee, einen kleinen Laden zu eröffnen. Das Büro von Bernd befindet sich in einem wunderschönen alten Haus in Santanyí und verfügt über zwei Etagen. Kurzerhand verlagert er sein Büro nach oben und macht unten Platz für Kikis Laden. Nicht lange und er zieht mit seinem kompletten Büro aus, denn nach dem Anfangssortiment mit Gesundheitsprodukten und besonderen Nahrungsmitteln kommt immer mehr Mode und Dekoratives hinzu. So renovieren sie schließlich das ganze Haus und den wunderschönen Innenhof. Das mimar ist geboren!

Auch privat finden die beiden bald ihr Traumdomizil, wenn auch nicht auf den ersten Blick. Das alte Stadthaus wirkt zunächst dunkel und ist in keinem guten Zustand. Der Garten gleicht mehr einem Urwald. Genau das richtige Objekt für zwei kreative Menschen wie Kiki und

Bernd! Gemeinsam starten sie mit der Renovierung und wenig später ziehen sie in ihr neues Zuhause ein. Heute erstrahlt es stilvoll in einer Mischung aus Shabby-Chic und Bohemian-Style und der Garten gleicht einer orientalischen Oase. Bernd hat eine Außenküche eingerichtet, sein privates Chiringuito. Es kann draußen gegrillt und gekocht werden. Ein Zitronen- und ein Orangenbaum bleiben und zieren den Innenhof. Entstanden ist ein Heim voller Ruhe und Harmonie. Während meiner Unterhaltung mit Kiki fühle ich mich wie in einem Urlaubsresort.

Sadiki, ihr Hund, ist inzwischen leider verstorben. Als Erinnerung ziert ein großes Schwarz-Weiß-Foto von ihm die Wand. Nach einer Trauerzeit holten Kiki und Bernd sich „Goa" aus dem Tierheim. Die drei Katzen Indio, Noah und Chili leisten ihm Gesellschaft.

Nicht nur Kiki konnte sich mit dem mimar einen Traum erfüllen. Auch Bernd hat einen lang gehegten Wunsch in die Tat umgesetzt: Durch Zufall entdeckte er eines Tages einen alten Landrover im Internet. Das Nummernschild hatte die Ziffern von Bernds Geburtstag und dem Geburtsjahr von Kiki – das war ein Zeichen. Er kaufte den Rover ungesehen und der Besitzer setzte ihn in Alicante auf die Fähre. So schipperte das Auto herrenlos nach Mallorca. Heute steht es meistens vor dem Laden mit dem mimar-Logo an der Tür.

Gefragt nach ihrer Vorstellung vom perfekten Leben, würden Kiki und Bernd am liebsten den Sommer auf Mallorca und die Wintermonate in Amsterdam verbringen. Denn im Winter kann es in den schönen alten Häusern auf Mallorca bisweilen kalt und feucht werden und in Santanyí findet wenig kulturelles Leben statt. Da wäre Amsterdam mit dem internationalen Publikum, den Restaurants, Kinos und Theatern eine willkommene Abwechslung. Doch vorerst bleiben Kiki und Bernd auf Mallorca und verbringen die Winter gemütlich mit ihren Tieren

vor dem Kaminfeuer – das ist der beste Ort, um an neuen Kreationen zu tüfteln. Wir sind sehr gespannt und freuen uns schon jetzt auf ein Wiedersehen im schönen Santanyí!

DIESER ZITRONENBAUM TRÄGT CA. 300 FRÜCHTE IM JAHR. DARAUS ENTSTEHT DER KÖSTLICHE LIMON-CELLO VON KIKI UND BERND!

SOMMERSALAT MIT QUINOA

4 PERSONEN | VORSPEISE ODER SALAT / VEGETARISCH

ZUTATEN

100 g Quinoa
200 ml Gemüsebrühe
1 TL Ghee (geklärte Butter,
alternativ Butterschmalz)
2 Scheiben Wassermelone
(ca. 250 g)
100 g frischer Blattspinat
1 reife Avocado
50 g Feta
1 Granatapfel
2 Stängel frische Minze
2 TL Pinienkerne

Für das Dressing:
3 EL Olivenöl
1 EL frisch gepresster
Saft von 1 Bio-Limette
Salz und frisch gemahlener
schwarzer Pfeffer

Außerdem:
Zitronenpresse

ZUBEREITUNG

Die Quinoa gemeinsam mit der Gemüsebrühe und dem Ghee in einem Topf zugedeckt bei niedriger Temperatur 10 Minuten köcheln lassen. Dann weitere 10 Minuten ohne Hitze quellen lassen.

Das Fruchtfleisch der Wassermelone in Würfel mit einer Seitenlänge von ca. 3 Zentimetern schneiden. Den Blattspinat putzen. Die Avocado schälen, halbieren und den Kern entfernen. Dann das Fruchtfleisch in Streifen schneiden. Den Feta fein würfeln. Den Granatapfel halbieren und die Kerne gründlich von den weißen Fruchthäuten befreien. Die Minze abbrausen, trocken tupfen und die Blättchen abzupfen, größere Blättchen gegebenenfalls klein hacken. Alle Zutaten miteinander vermengen und die Pinienkerne zugeben.

Für das Dressing das Olivenöl und den Limettensaft mischen und mit Salz und Pfeffer würzen. Das Dressing über den angerichteten Salat träufeln.

GEGRILLTE SCAMPI MIT HAUSGEMACHTEN FRITTEN UND DIP

4 PERSONEN | HAUPTGERICHT

AUßERDEM: GRILL, ZITRONENPRESSE, BACKBLECH, BACKPAPIER

▲▽▲▽▲▽▲▽▲▽▲▽▲▽▲▽▲▽▲▽▲▽ ▲▽▲▽▲▽▲▽▲▽▲▽▲▽▲

ZUTATEN

Für die Marinade:
3 EL Olivenöl
1 frische rote Chilischote (ca. 1 cm davon)
1 Msp. Currypulver

1 kg frische Scampi
1 Stängel frische Minze (abgezupft, Minzblättchen klein gehackt)
frisch gepresster Saft von einer ½ Bio-Limette

Für die Fritten:
4 handgroße Kartoffeln (festkochend)
Olivenöl
Paprikapulver

Für den Dip:
4 kleine Knoblauchzehen
2 EL Mayonnaise
1 EL frischer Dill (Blättchen abgezupft)
3 EL Sauerrahm oder Vollmilchjoghurt
1 EL frische gehackte Petersilie

ZUBEREITUNG

Die Zutaten für die Marinade in einer kleinen Schüssel vermengen. Die Scampi schälen, den Kopf abtrennen und den Darm entfernen. Dann die Scampi in der Marinade für 3–4 Stunden einlegen. Den Backofen auf 250 °C vorheizen.

Die Kartoffeln schälen und in längliche breite Streifen schneiden. Unter fließendem Wasser die Stärke gründlich abspülen. Mit einem Küchentuch trocken tupfen. Die geschnittenen Kartoffeln in eine große Schüssel geben und mit dem Olivenöl und dem Paprikapulver mischen. Ein Backblech mit Backpapier auslegen und die Kartoffeln darauf verteilen. 10 Minuten backen. Danach die Temperatur auf 220 °C reduzieren, die Fritten wenden und 20 Minuten weiterbacken. Die Backzeit beträgt insgesamt ca. 30 Minuten.

Für den Dip die Knoblauchzehen schälen und sehr fein hacken. Anschließend mit allen weiteren Zutaten mischen und zu einem Dip verrühren. Den Dip in kleinen Schälchen auf den Tellern anrichten.

Zum Schluss die Scampi von beiden Seiten grillen und mit der gehackten Minze bestreuen sowie ein paar Tropfen Limettensaft beträufeln. Mit den Kartoffeln servieren.

KIKIS POWERBALLS UND JIFFY-RIEGEL

4 PERSONEN / SÜSSPEISE / VEGAN

▲▽▲▽▲▽▲▽▲▽▲▽▲▽▲▽▲▽▲▽ ▲▽▲▽▲▽▲▽▲▽▲▽▲▽▲▽

ZUTATEN

Für die Powerballs:
20 Medjool-Datteln
2,5 EL Kakaopulver
1,5 EL Olivenöl
1 TL Kardamom
1 TL Zimt
2 EL Kokosraspel

Für die Jiffy-Riegel:
5 Medjool-Datteln
50 g feine Haferflocken
2 EL Kokosöl
1 EL Kakaopulver
2 EL Kokosraspel

Für das Topping:
100 g frische Himbeeren
(alternativ TK)
75 g Kokosraspel

Außerdem:
Mixer, kleine rechteckige
Back- oder Auflaufform

ZUBEREITUNG

Die Datteln entsteinen. Alle Zutaten außer den Kokosraspeln im Mixer zerkleinern.

Anschließend etwa 30 kleine Kugeln formen und diese in den Kokosraspeln wälzen. Am besten in einer geschlossenen Dose bei Zimmertemperatur aufbewahren.

Zuerst die Datteln entsteinen. Diese dann mit den Haferflocken, dem Kokosöl, Kakaopulver und 2 Esslöffeln Kokosraspeln im Mixer zerkleinern. Die Masse in der Backform gleichmäßig verteilen.

Dann kommen die Himbeeren mit den restlichen Kokosraspeln in den Mixer. Alles gut vermengen und anschließend auf die Dattelmischung streichen. Die Himbeer-Dattel-Masse in der Form in kleine Riegel schneiden, dann für mindestens 15 Minuten in den Gefrierschrank stellen. Eiskalt servieren.

BERNDS LIMONCELLO

ERGIBT 1 LITER / GETRÄNKE / VEGAN

▲▽▲▽▲▽▲▽▲▽▲▽▲▽▲▽▲▽▲▽▲▽▲▽▲▽▲▽▲▽▲▽▲▽▲

ZUTATEN

10 Bio-Zitronen
1 Flasche Wodka (0,7 l)
300 ml Wasser
160 g Zucker

Außerdem:
Sparschäler,
2 Glasflaschen mit Korken
(1 l Fassungsvermögen),
Teesieb

ZUBEREITUNG

Die Zitronen heiß abwaschen und trocken tupfen. Die Schale hauchdünn mit einem Sparschäler abschälen. Dabei darauf achten, dass nur das Gelbe der Schale abgeschält wird, da der Limoncello sonst bitter wird. Die Schalen dann in die Flasche geben und mit dem Wodka übergießen. Die Flasche gut verschließen und für 3–4 Wochen an einem dunklen, kühlen Ort aufbewahren.

Täglich einmal kräftig durchschütteln.

Sobald der Alkohol durchgezogen ist, die Flüssigkeit durch ein feines Teesieb in eine zweite Flasche seihen. Die aufgefangenen Schalen in kleine Stücke schneiden und in einem Topf mit Wasser und Zucker zum Kochen bringen. Ca. 5 Minuten sprudelnd kochen, dann den Topf im kalten Wasserbad kühlen. Nun auch diesen Sud durch das Teesieb filtern und zum Wodka-Ansatz gießen. Die Flasche mit einem Korken gut verschließen.

Der Limoncello wird von Monat zu Monat intensiver und milder.

TIPP: Am besten schmeckt er direkt aus dem Eisfach, in eisgekühlten Gläsern serviert.

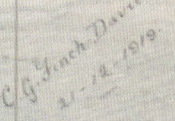

Silje und Gyanmitra

Nicht nur äußerlich sind der aus Bihar in Indien stammende Gyanmitra Rajeev Dubey, seine norwegische Frau Silje und ihr Sohn Simba eine richtige Bilderbuchfamilie.

An einem herrlichen Sonntagmorgen besuchten wir die drei zu Hause in Cala Llombards. Das kleine Haus ist mit vielen Naturmaterialien und Accessoires aus aller Welt sehr gemütlich und stilvoll eingerichtet. Die Terrasse hinterm Haus dient mit ihrer Überdachung in den Sommermonaten als kühle Lounge-Ecke und als Spielwiese für Simba.

Wir verbrachten den ganzen Tag zusammen. Während Silje und Gyanmitra ihr Menü servierten, erzählten sie uns auf so eine spannende Art und Weise aus ihrem Leben, dass die Zeit wie im Fluge verging. Schnell war es draußen dunkel geworden, und wir alle hatten wieder Hunger, sodass Gyanmitra kurz vor Mitternacht noch leckere Pasta für uns zubereitete, bevor wir uns auf den Heimweg machten.

Silje kam in einem kleinen Dorf in Norwegen zur Welt. Von Kindheit an litt sie an Reisefieber. Vielleicht lag das daran, dass sie mit ihrer Familie all ihre Ferien in Spanien verbrachte, wo ihre Großeltern ein Haus in Alicante besaßen. Während ihre Freunde im Teenageralter von einem Leben in Oslo träumten, zog es sie niemals dorthin. Sie mochte Oslo nicht. Von

ihren Eltern bekam sie jede Unterstützung und so ging sie mit 19 Jahren nach Schweden. Sie kannte dort niemanden, aber Silje war aufgeschlossen und lernte leicht Menschen kennen. Sie probierte alles aus, arbeitete als Make-up-Artist und Stylistin, fertigte Schmuck an und war lange Jahre in einem Jeansladen tätig.

Zurück von einem Urlaubstrip aus dem warmen Mexiko ins kalte, winterliche Schweden, fasste sie schließlich eines Tages den Entschluss, in sonnigere Gefilde umzuziehen. Sie recherchierte im Internet und fand die Stellenausschreibung eines schwedischen Restaurants auf Gran Canaria. Ohne einen Cent in der Tasche flog sie auf die Kanaren. Dort arbeitete sie eine Saison lang, doch Silje wollte mehr von der Welt sehen. In den nächsten Jahren reiste sie viel, wohnte einige Jahre in Madrid und in Los Angeles, bevor sie das erste Mal nach Mallorca kam. Hier verbrachte sie einige Wochen bei Freunden in der kleinen bekannten Gemeinde Valldemossa. Silje schwärmt so von ihren Reisen, dass ich ein ganzes Buch füllen könnte mit ihren Geschichten.

Ihr Herz verliert sie dann letztendlich an Mallorca und entscheidet, in Santanyí zu leben. Sie ist sehr kreativ, designt und produziert Schmuck und Kleidung und gründet Tipi, ihr eigenes Modelabel. Ihre Produkte verkauft sie anfangs auf dem Markt, bis sie schließlich einen kleinen Laden

eröffnet. Während der Sommermonate ist Santanyí ein beliebter Ausflugsort für zahlreiche Touristen. Im Winter wird es dann ruhiger und man hat Zeit zum Reisen oder für andere Freizeitaktivitäten.

Da Silje eine Leidenschaft für Yoga hat, zog es sie im Winter nach Indien. So kam es, dass sie einen zweiwöchigen Aufenthalt in Goa buchte, in einem Yoga-and-Meditation-Retreat-Hotel. Dort lernte sie dann Gyanmitra kennen.

Er war der Erstgeborene in seiner Familie, die der Kaste der Brahmanen angehört, der höchsten im indischen Kastensystem. Gyanmitras Vater war Ingenieur der indischen Armee und wurde an verschiedenen Stützpunkten eingesetzt. So blieben sie nie lange an einem Ort und zogen alle zwei, drei Jahre um. Gyanmitra musste sich immer wieder aufs Neue mit anderen Kulturen und neuen Schulen vertraut machen. Aber das störte ihn nicht, er war wissbegierig und zielstrebig. Von Kindheit an hatte er den festen Wunsch, Pilot zu werden. Leider machte ihm seine Wirbelsäule im Alter von 21 Jahren Probleme und so ließ sich dieser Traum nicht verwirklichen. Jetzt musste er sich umorientieren und besuchte einen Freund in Neu-Delhi. Mit ihm eröffnete er ein kleines Reisebüro. So begann seine Arbeit in der Tourismusbranche. Sie organisierten Touren zu bekannten Sehenswürdigkeiten. Lange Zeit machte Gyanmitra die

Arbeit als Reiseführer viel Spaß, doch letztlich erfüllte sie ihn nicht. Es befriedigte ihn wenig, anderen Menschen nur bekannte Sehenswürdigkeiten zu zeigen. Indien hat schließlich weit mehr zu bieten und gilt als das Land der Spiritualität, des Yoga und Ayurveda.

So kam er zur Bihar School of Yoga, die sein Leben vollkommen verändern sollte. Er erlernte die yogische Lebensweise und Philosophie. Die Ausbildung zum Yogalehrer dauerte fast fünf Jahre. Gyanmitra fühlte, dass es das Richtige für ihn war, und er lehrte, lernte und arbeitete in der folgenden Zeit an vielen verschiedenen Orten, auch in Europa. 2010 kam er nach Goa und beschloss, ganz dort zu bleiben. Ein Jahr benötigte er, um ein passendes Stück Land für ein eigenes Retreat-Hotel zu finden. Wo vorher Urwald war, eröffnete er 2012 sein Swan Yoga Retreat. Hier werden seitdem verschiedene Arten von Yoga unterrichtet.

Seine ersten Gäste kamen aus Schweden, Norwegen und Dänemark – eine davon war die Norwegerin Silje aus Mallorca. Silje erzählt uns lachend, dass sie Gyanmitra laut einem Eintrag in ihrem Tagebuch bei der ersten Begegnung nicht leiden mochte. Er erschien ihr unsympathisch. Und trotz der Vielzahl der Lehrer war immer er es, der die Kurse leitete, für die sie sich eingeschrieben hatte.
Silje änderte ihre Meinung jedoch bald und sie ging öfter mit Gyanmitra zusammen aus. Und je besser sie ihn kennenlernte, umso mehr mochte sie ihn. Nachdem Silje nach Mallorca zurückgekehrt war, hielten beide über Facebook Kontakt. Schon bald lud er sie ein, ihn erneut in Goa zu besuchen. Das Angebot nahm sie an, ein halbes Jahr später war Silje wieder im Flieger unterwegs nach Indien und verbrachte den Winter in Goa. Im Frühjahr gingen Silje und Gyanmitra frisch verliebt auf Reisen. In Schweden angekommen, stellten sie fest, dass Silje schwanger war. Sie freuten sich riesig und beschlossen zu heiraten.

Im folgenden Herbst fand die Hochzeit in Indien statt. Zehn Tage lang feierten sie mit Eltern und Freunden. Als der kleine Simba im Januar 2016 zur Welt kam, zogen beide nach Mallorca. Dort leben sie jetzt jeden Sommer in dem schönen kleinen Haus mit den roten Fensterläden.

Silje verkauft weiterhin die Kollektion ihres Modelabels Tipi in verschiedenen Läden auf Mallorca und Gyanmitra unterrichtet inzwischen dreimal die Woche Yoga im Gemeindezentrum von Cala Llombards. Ganz in der Nähe, im wunderschönen Hotel Cal Reiet, kann man Yoga-Nidra- und Meditations-Kurse buchen, die von ihm geleitet werden. Hier findet man Entspannung pur und kann dem Alltagsstress entfliehen. Wer Yoga noch nicht ausprobiert hat, sollte es unbedingt einmal tun, es ist Balsam für Körper und Seele!

FEIGEN-KALE-SALAT

4 PERSONEN /VORSPEISE ODER SALAT/ VEGETARISCH

ZUTATEN

**6–7 große frische
Kaleblätter (Grünkohl)
Meersalz und frisch
gemahlener schwarzer Pfeffer
1 Tasse Walnusskerne
150 g halbfester Ziegenkäse
5–10 frische Feigen**

Für das Dressing:
**1 EL Tahina, auch Tahini
(arabische Sesampaste)
frisch gepresster Saft
von einer ½ Bio-Zitrone
1 EL Olivenöl
1 TL Honig**

Außerdem:
Zitronenpresse

ZUBEREITUNG

In einer Tasse Tahina, den Zitronensaft, etwas Olivenöl und Honig verrühren.

Die Kaleblätter abspülen, trocken tupfen und die Stielansätze entfernen. Dann in kleinere Stücke zupfen, in eine Schüssel geben und mit dem Dressing beträufeln. Mit den Händen gut vermengen und mit frisch gemahlenem Pfeffer und Meersalz würzen. Dann die Walnusskerne zugeben und den Ziegenkäse darüberbröseln.

Die Feigen abspülen und vierteln. Die Feigenviertel auf dem Salat drapieren und den fertigen Salat servieren.

DAL TADKA

4 PERSONEN / HAUPTGERICHT / VEGETARISCH

ZUTATEN

400 g Toor Dal (indische gelbe Linsen)
1 Prise Salz
2 TL gemahlene Kurkuma
2 mittelgroße Zwiebeln
1 Stück Ingwer (2,5 cm)
2 frische Tomaten
2 EL Ghee (geklärte Butter, alternativ Butterschmalz)
2 TL Kreuzkümmelsamen
1 TL Garam Masala (indische Gewürzmischung)
1 kleines Bund frischer Koriander

Außerdem:
Schnellkochtopf, alternativ Kasserolle oder Kochtopf

ZUBEREITUNG

Die Linsen mit Salz und Kurkumapulver zusammen in einen Topf geben. Den Topf mit Wasser füllen, das Wasser sollte etwa doppelt so hoch wie die Zutaten stehen. Die Linsen für 8–10 Minuten im Schnellkochtopf oder für 20 Minuten in einem anderen Topf kochen (siehe Tipp).

In der Zwischenzeit Zwiebeln, Ingwer und Tomaten fein hacken. Das Ghee in einen Topf oder eine große Pfanne geben, erhitzen und die Kreuzkümmelsamen zugeben. Wenn diese in der Pfanne springen, den Ingwer und die Zwiebeln zufügen und braten, bis die Zwiebeln goldbraun werden. Nun die Tomatenwürfel zugeben und mit Garam Masala würzen. Etwa 5-7 Minuten garen, bis alles weich ist. Die vorgekochten Linsen zugeben und aufkochen lassen.

In Schälchen anrichten und mit gehacktem Koriander servieren. Dazu schmeckt frisch gebackenes Brot oder indisches Naan-Brot.

TIPP: Am besten lässt sich das Dal im Schnellkochtopf zubereiten. Das geht nicht nur schneller, sondern erhält auch die Geschmacksaromen viel besser. Man kann das Dal aber auch in einer Kasserolle oder in einem normalen Topf zubereiten. Hierbei verlängert sich die Kochzeit der Linsen auf 20 Minuten.

ROSAS MANGO-AND-NUT-CAKE

4 PERSONEN / SÜSSPEISE / VEGAN

ZUTATEN

2 Tassen geröstete Mandeln
1 Tasse Walnusskerne
¾ Tasse Kokosblütenzucker
½ Tasse Agavendicksaft
½ TL Zimt
1 Prise Vanille (gemahlen)
5 getrocknete Aprikosen

Für das Topping:
1 reife Mango
¾ Tasse Kokosblütenzucker
1 TL Agar-Agar (pflanzliches Geliermittel)

Außerdem:
Mixer oder Zerkleinerer für Nüsse, flache Schale oder kleine Springform

ZUBEREITUNG

Mandeln und Nüsse sehr fein zerkleinern. (Gemahlene Nüsse sind auch in Ordnung, geschmacklich interessanter ist es aber, wenn sie noch etwas Biss haben.)

In einer Schüssel die Mandeln und Nüsse mit Kokosblütenzucker, Agavendicksaft, Zimt und Vanille vermengen. Die Aprikosen sehr fein hacken und zugeben. Alles rühren, bis eine klebrige Masse entsteht. Die Masse in die Springform drücken und beiseitestellen.

Für das Topping die Mango schälen, das Fruchtfleisch in Streifen schneiden und in eine beschichtete Pfanne geben. Ein wenig Wasser zufügen und für ein paar Minuten köcheln lassen. Kokosblütenzucker und Agar-Agar zugeben, alles für wenige Minuten bei niedriger Hitze köcheln. Abkühlen lassen und in einem Mixer zu einer glatten Flüssigkeit verarbeiten. Diese auf die Aprikosen-Nuss-Masse gießen.

Der Raw-Cake kann nach Belieben mit frischer Mango, essbaren Blüten, Nüssen oder Beeren dekoriert werden.

84

Portocolom

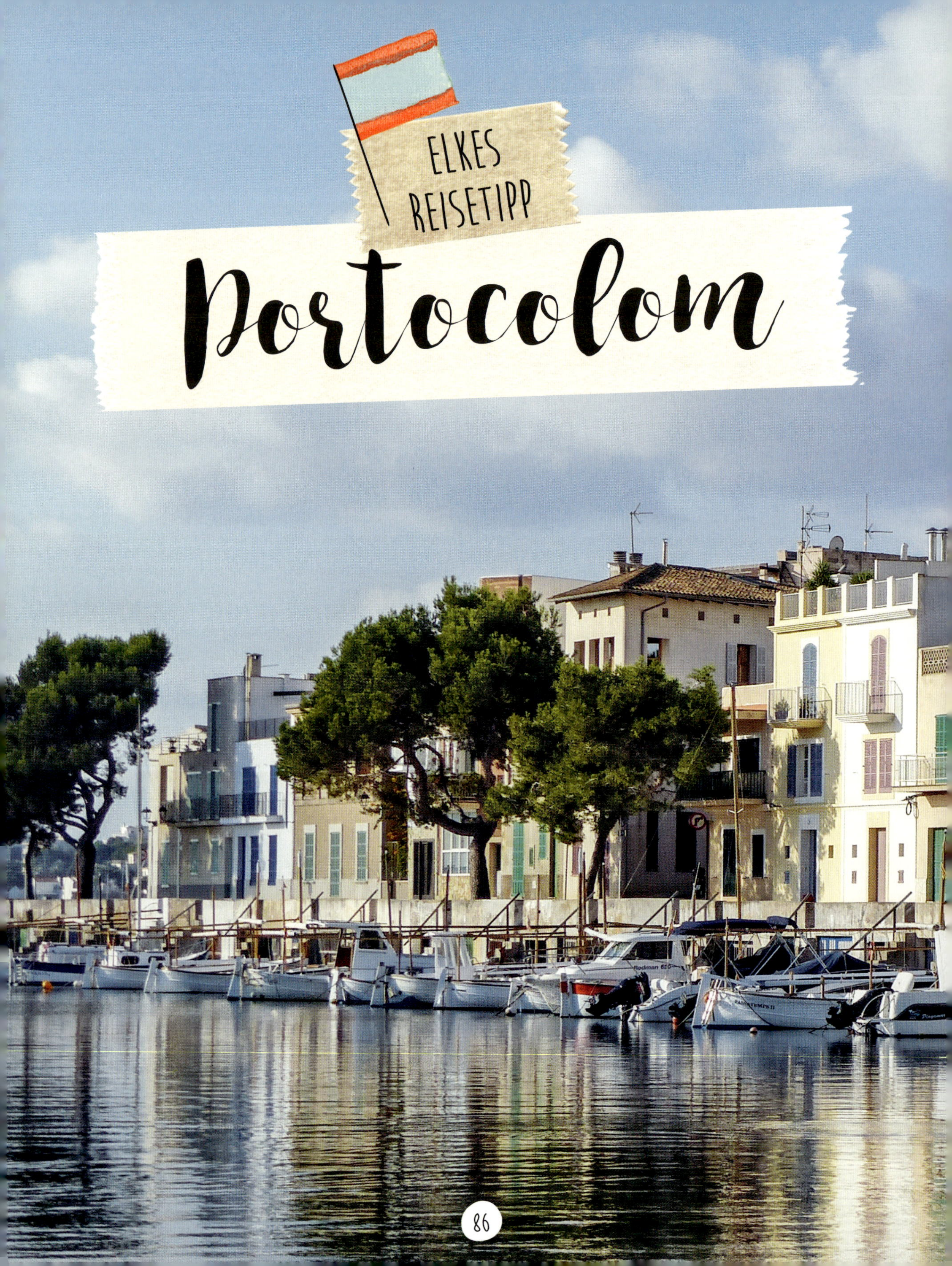

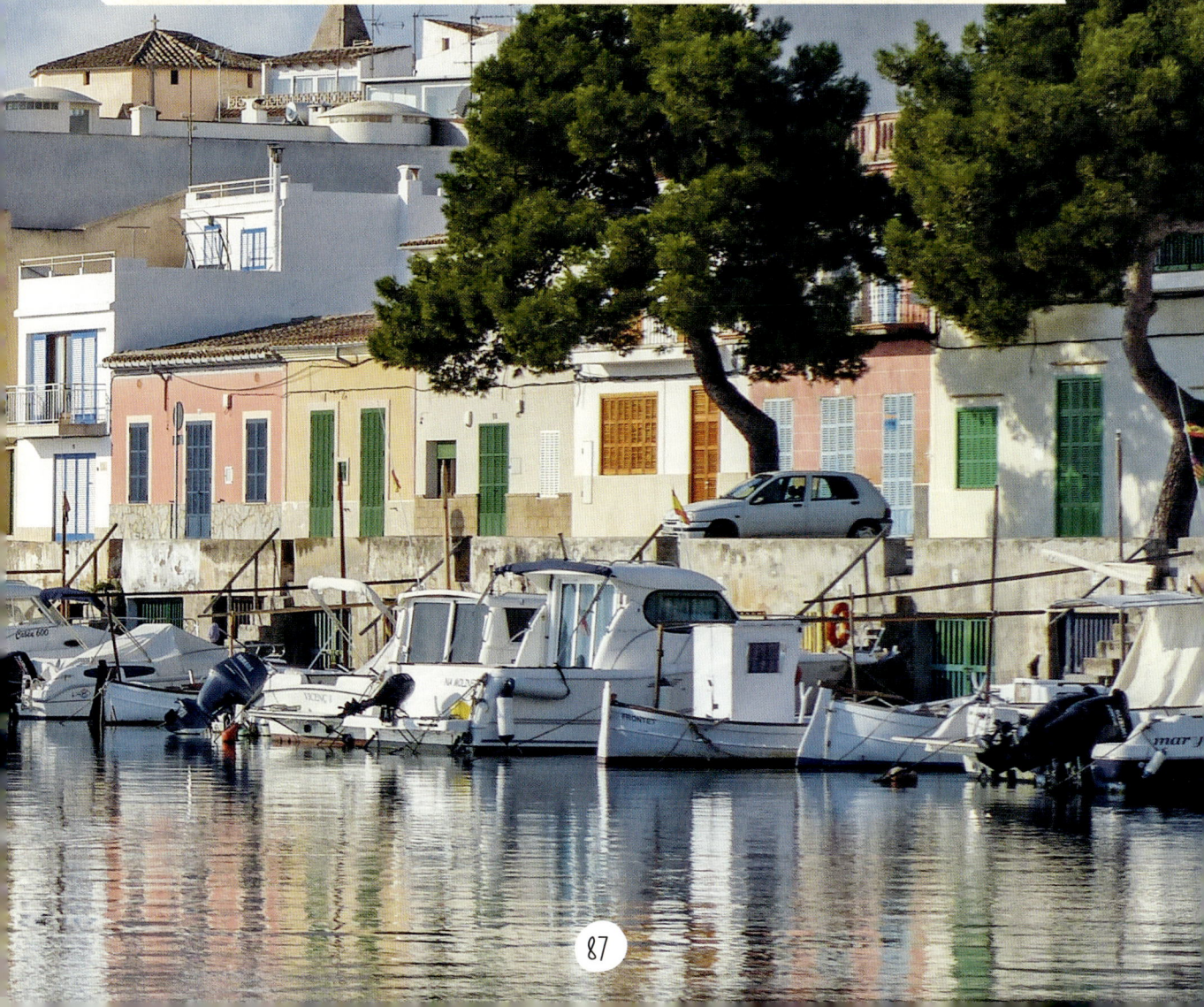

Das kleine bilderbuchartige Hafen-städtchen Portocolom im Osten der Insel hat den einzigen Naturhafen Mallorcas und ist ein idyllisches Reise-ziel für Ruhesuchende und Naturlieb-haber. Der Sandstrand S'Arenal lädt zum Baden ein. Es bietet sich auch ein Ausflug in den botanischen Garten an oder in das Naturschutzgebiet Parc Natural de Mondragó. Eine weitere Attraktion ist die Drachensteinhöhle bei Porto Cristo. Auch das romantische Santayí ist von hier aus schnell zu errei-chen. Es gibt sehr vieles zu entdecken, und wer auf sein geliebtes Schnitzel im Urlaub nicht verzichten will, dem emp-fehlen wir einen Besuch im Viena in Cas Concos. Ein bezauberndes Restau-rant mit sehr sympathischen Besitzern und einem ganz besonderen Wiener Schnitzel mit schwäbischem Kartoffel-salat.

SOMMERLICHE TOMATENSUPPE

4 PERSONEN / VORSPEISE ODER HAUPTMAHLZEIT

* *

ZUTATEN

1 kg frische reife Tomaten
2 große Zwiebeln
3 Knoblauchzehen
2 EL Butter
1 EL Olivenöl
1 l Gemüsebrühe
2 Lorbeerblätter
½ TL Kräutersalz und frisch
gemahlener schwarzer Pfeffer
¼ l Sahne
3 EL Sherry
Paprikapulver
1 kleines Bund frisches
Basilikum zum Garnieren

ZUBEREITUNG

Die Tomaten auf der Oberseite kreuzweise einritzen, mit heißem Wasser kurz übergießen und dann die Haut abschälen. Den Strunk entfernen und das Fruchtfleisch in kleine Stücke schneiden. Zwiebeln und Knoblauchzehen schälen und in kleine Stückchen hacken. Die Butter und das Olivenöl in einem großen Topf erhitzen und die Zwiebeln und den Knoblauch goldgelb anrösten. Die Tomatenstücke dazugeben, kurz andünsten und mit der Gemüsebrühe ablöschen. Lorbeerblätter, Kräutersalz und Pfeffer zugeben, die Suppe erhitzen und 30 Minuten bei kleiner Hitze köcheln lassen. Mit der Sahne und dem Sherry ablöschen, mit Paprikapulver und gegebenenfalls mit Salz abschmecken.

Das Basilikum abspülen, die Blättchen abzupfen, in kleine Streifen schneiden und die Suppe damit garnieren.

AUßERDEM EMPFEHLENSWERT IST EIN BESUCH DES HOCH OBEN GELEGENEN KLOSTERS SANTUARI DE SANT SALVADOR NAHE DER STADT FELANITX.

Sabine und Günther

In einer malerischen mallorquinischen Finca in der Nähe des gemütlichen Hafenorts Porto Colom leben Sabine Gasser und Günther Lechthaler aus Tirol. Die beiden Österreicher sind seit 35 Jahren ein Paar und leben schon einige Jahre auf Mallorca. Wir haben uns auf einem Rückflug von Mallorca nach Ibiza kennengelernt. Mit ihren Hüten und ihrem extravaganten Style waren sie uns sofort aufgefallen und wir kamen ins Gespräch. Ein paar Wochen später besuchten wir sie dann in ihrem Zuhause auf Mallorca und interviewten sie für dieses Buch.

Bevor sie nach Mallorca kamen, lebten Sabine und Günther in Lienz, einer Stadt in Osttirol inmitten der Alpen. Beide waren erfolgreiche Geschäftsleute im Bereich der Modebranche. Günther war Inhaber einer Agentur für international bekannte Modelabels und für den Vertrieb in Österreich zuständig. Sabine absolvierte eine Ausbildung als Werbegrafikerin, bevor auch sie nach der Geburt ihrer Tochter Nicoletta in die Modebranche wechselte. Lange Jahre war sie Geschäftsführerin in verschiedenen Modeläden, bevor sie endlich ihr eigenes Geschäft eröffnete. Als Sabine und Günther sich kennenlernten, stellten sie freudig fest, dass sie einen gemeinsamen Traum hatten: Sie wollten gerne in einem Land leben, in dem es wärmer war und die Sonne öfter schien – fernab von den Bergen und auf jeden Fall am Wasser. Viele Urlaube verbrachten sie am Meer, 15 Jahre davon hauptsächlich auf ihrer Lieblingsinsel Ibiza. Hier mieteten sie immer ein Haus am Strand. Und nach jedem Urlaub fiel der Abschied schwerer.

Dennoch bauten sie im Jahr 2005 in Österreich ein Haus – ganz nach ihren Wünschen im mediterranen Stil. Aber so schön das Haus auch war, es stand einfach am falschen Platz. Immer wieder sprachen sie über das Auswandern. Die Zeit verging und nach zwei Jahren wurde die Idee tatsächlich Wirklichkeit. Bei einem kalten Winterspaziergang an einem vereisten See in den Bergen von Tirol überkam Sabine so eine Sehnsucht nach Sonne und Meer, dass sie beschloss, dies sollte ihr letzter kalter Winter sein. Sabine und Günther waren förmlich „reif für die Insel".

Zurück von dem Spaziergang, überlegten sie, was zu tun sei. Zuerst einmal mussten das Haus, die Agentur und das Geschäft verkauft werden. Das ging schneller als gedacht. Innerhalb zweier Monate hatten sie potenzielle Käufer gefunden. Zu diesem Zeitpunkt wussten Sabine und Günther allerdings noch gar nicht, wo ihr zukünftiger Platz an der Sonne sein sollte: Ibiza, die Toskana oder Mallorca – einer dieser Orte sollte es sein. Bisher kannten die beiden allerdings nur Ibiza und die Toskana. Auf Mallorca waren sie noch

nie gewesen. Aufgrund der Größe, der dortigen Infrastruktur und vieler weiterer wirtschaftlicher Aspekte fiel die Wahl aber schließlich auf Mallorca.

Sabine und Günther schalteten Makler ein, recherchierten im Internet und flogen für ein paar Tage auf die Insel, um sie sich endlich einmal persönlich anzusehen. Sie fuhren rauf und runter, schauten sich alle Küsten an und das Tramuntana-Gebirge. Von Bergen hatten sie aber genug, daher fiel ihre Wahl auf den Südosten.

So lebten sie die nächsten zwei Jahre in S'Alqueria Blanca, besuchten Spanischkurse und waren auf der Suche nach ihrem Traumhaus. Das fanden sie schließlich mithilfe eines mallorquinischen Bekannten. Es regnete in Strömen, als sie die Finca mit den kleinen Gäste-Bungalows besichtigten. Trotz des ungemütlichen Wetters war es Liebe auf den ersten Blick. Um die Räumlichkeiten innen und außen nach ihrem Geschmack zu gestalten, waren noch umfangreiche Renovierungsarbeiten nötig. Aber sie hatten ja Zeit und waren voller Energie und Tatendrang.

Sabine und Günther sind ein kreatives Powerpaar und ergänzen sich hervorragend in ihren Fähigkeiten. Günther ist Allrounder und Handwerker mit Leib und Seele und Sabine liebt es, den Garten zu gestalten. Über Einrichtung und Dekoration entscheiden beide gemeinsam, hier

kommt ihre Leidenschaft für Flohmärkte zum Tragen. Sie sind keine Anhänger der Konsum- und Wegwerfgesellschaft und möchten Altes gerne erhalten.

Inzwischen ist die Finca mit den kleinen Gäste-Bungalows ein begehrtes Urlaubsdomizil. Hier ist eine Wohlfühloase entstanden, man ist verzaubert von dem verwunschenen Garten, den kleinen Häusern mit den schönen Steinwänden und dem gemütlichen Ess- und Kochbereich am Pool. Liegen und Sonnenschirme stehen bereit und laden zum Entspannen ein.

Neben der Vielzahl der alltäglichen Arbeiten, die bei so einem Anwesen anfallen, finden Sabine und Günther dennoch immer Zeit für neue kreative Dinge. So werden einfache traditionelle Einkaufskörbe mit Leder, Nieten, Federn und Perlen aufgepeppt und den Gästen für Einkäufe oder Ausflüge an den Strand zur Verfügung gestellt. Günther

hat einige außergewöhnliche Hängebänke aus alten Treppengeländern gebaut und diese mit dicken Seilen an den Terrassendecken befestigt. Aber die größte Leidenschaft der beiden ist und bleibt das Kochen. Nach dem Motto „Das Auge isst mit" wird aus jeder Mahlzeit nicht nur ein Gaumen-, sondern auch ein Augenschmaus. Nicht selten überraschen die beiden im Sommer ihre Gäste mit einer großen Paella, einer Spezialität von Günther.

Wir verbringen ein ganzes Wochenende hier. Und wie so oft möchten wir eigentlich noch gar nicht nach Hause. Ich finde, Tiroler haben die Gastfreundschaft in den Genen, sind herrlich entspannt und besonders humorvoll. Wir werden auf alle Fälle wiederkommen und dann mit der Llaut, dem alten Fischerboot der beiden, einen Ausflug machen – immer an der Küste entlang und dann in einer kleinen, verwunschenen Bucht vor Anker gehend.

FINCA
VIVA LA VIDA

TONNO TONNATO À LA SABINE

4 PERSONEN / VORSPEISE

◆ ● ◆ ● ◆ ● ◆ ● ◆ ● ◆ ● ◆ ● ◆ ● ◆ ●

ZUTATEN

1 frisches Stück Thunfisch
à ca. 800 g
1 EL Olivenöl
frisch gepresster Saft
von einer ½ Bio-Zitrone
2 EL Kapern (Glas)
Zitronenscheiben zum Garnieren (optional)
frische Petersilie zum Garnieren
Meersalz und frisch
gemahlener schwarzer Pfeffer

Für die Mayonnaise ohne Ei:
100 ml Milch
1 TL Senf
200 ml Sonnenblumenöl
(alternativ Rapsöl)
1 Prise Flor de Sal (Meersalz)
frisch gepresster Saft von einer
½ Bio-Zitrone

Außerdem:
Zitronenpresse, Stabmixer

ZUBEREITUNG

Den Thunfisch von beiden Seiten in Olivenöl kurz
scharf anbraten – etwa 2 Minuten von jeder Seite,
sodass er innen noch saftig und rosa ist. Von der
Herdplatte nehmen und mit Zitronensaft, Salz und
Pfeffer würzen. In der warmen, zugedeckten Pfanne
ziehen lassen.

Für die Mayonnaise ohne Ei Milch und Senf mit
dem Stabmixer in einem schmalen Becher schaumig
schlagen, dann tropfenweise das Öl zugeben, bis eine
cremige Mayonnaise entsteht. Mit Salz und dem Saft
einer halben Zitrone würzen.

Den Thunfisch in dünne Scheiben schneiden, auf den
Tellern fächerartig anrichten und mit der Mayonnaise bestreichen. Die Kapern darüber verteilen und
mit frisch gemahlenem schwarzem Pfeffer würzen.
Nach Belieben mit einer Zitronenscheibe und etwas
Petersilie dekorieren und dazu frisches Weißbrot
reichen.

> **TIPP:**
> WENN'S BESONDERS SCHNELL
> GEHEN MUSS, GIBT ES AUCH GUTE
> MAYONNAISE IM BIO-LADEN,
> DIE MAN MIT ETWAS FRISCHEM
> ZITRONENSAFT VERFEINERN KANN!

TAGLIATELLE AL GAMBAS

4 PERSONEN / HAUPTGERICHT

◆·◆·◆·◆·◆·◆·◆·◆·◆·◆·◆·◆·◆·◆

ZUTATEN

**500 g Kirschtomaten,
abgespült, zur Hälfte an der
Rispe belassen, zur Hälfte
abgezupft und halbiert
4 EL Olivenöl plus etwas
mehr zum Beträufeln
1 Prise Zucker
500 g Tagliatelle
(Fertigprodukt)
2 Schalotten, fein gehackt
1 TL Tomatenmark
1 Knoblauchzehe,
fein gehackt
1 kleine rote Chilischote,
fein gehackt
1 Stück Ingwer (4-5 cm),
fein gehackt
1 Schuss Weißwein
800 g frische küchenfertige
Gambas (am besten
Sóller-Gambas)
1 Schuss Weißwein
Meersalz und frisch
gemahlener schwarzer Pfeffer
frischer Oregano zum
Garnieren**

ZUBEREITUNG

Den Backofen auf 200 °C vorheizen.

Ein Blech mit Backpapier auslegen, die Rispentomaten auf das Blech legen, mit Olivenöl beträufeln und mit wenig Zucker und Salz bestreuen. Auf mittlerer Schiene backen, bis die Tomaten gegrillt sind und anfangen aufzuplatzen (nach etwa 15 Minuten).

Tagliatelle nach Packungsanleitung zubereiten.

In der Zwischenzeit das Olivenöl in einem Wok erhitzen, die Schalotten mit dem Tomatenmark im Öl dünsten und die halbierten Kirschtomaten, Knoblauch, Chili und Ingwer zugeben. Alles kurz weiterdünsten, mit einem Schuss Weißwein ablöschen und auf kleiner Flamme leicht reduzieren. Dann die Gambas zugeben und alles weiter auf kleiner Flamme garen.

Sobald die Tagliatelle bissfest sind, abgießen und dabei etwas vom Kochwasser auffangen. Ca. 3 Esslöffel davon und die Tagliatelle zu den Gambas mit in die Pfanne geben. Alles miteinander vermengen und mit Salz und Pfeffer abschmecken. Auf tiefen Pastatellern anrichten, mit Oreganoblättchen bestreuen und mit gegrillten Kirschtomaten (inklusive Rispe) garnieren.

AUßERDEM:
BACKBLECH, BACKPAPIER, WOK ODER HOHE,
BESCHICHTETE BRATPFANNE, SIEB

TARTA DE LIMÓN

4 PERSONEN / SÜSSPEISE

❖ ◆ ❖ ◆ ❖ ◆ ❖ ◆ ❖ ◆ ❖ ◆ ❖ ◆ ❖ ◆ ❖ ◆ ❖ ◆ ❖ ◆ ❖

ZUTATEN

150 g kalte Butter plus
etwas mehr zum Einfetten
300 g Weizenmehl
100 g Zucker
1 Ei
1 EL Milch

Für den Belag:
500 g Quark (Halbfettstufe)
200 g Puderzucker
Mark von 1 Vanilleschote
frisch gepresster Saft von
3 Bio-Zitronen
abgeriebene Schale von
1 Bio-Zitrone
5 Blatt Gelatine
500 ml Sahne, steif
geschlagen
Melisse und Bio-Zitronen-
scheiben zum Garnieren

Außerdem:
Küchentuch,
Frischhaltefolie, Springform
(Ø 30 cm), Zitronenpresse,
Zestenreißer, Mixer,
Schneebesen

ZUBEREITUNG

Um dem Quark überschüssige Flüssigkeit zu entziehen, in ein sauberes Küchentuch geben und abtropfen lassen. Butter in Stücke teilen und auf einem Küchenbrett rasch mit dem Mehl verkneten. Dann in die Mitte eine Mulde drücken und in diese Zucker, Ei und die Milch geben. Alles miteinander rasch verarbeiten, damit der Mürbeteig nicht weich wird! Zu einer Kugel formen, in Frischhaltefolie wickeln und im Kühlschrank für mindestens eine ½ Stunde kalt stellen. Den Backofen auf 180 °C vorheizen.

Die Springform mit Butter einfetten. Den Teig so hineindrücken, dass er den Boden der Backform und die Seitenwände bedeckt. Den überhängenden Rand gegebenenfalls abschneiden. Mit einer Gabel den Teig einige Male einstechen. 10 Minuten goldbraun backen und ganz auskühlen lassen.

Für den Belag den Quark im Küchentuch ausdrücken und in eine Schüssel geben. Puderzucker, Vanille, Zitronensaft und die Zitronenschale untermischen. Die Gelatine in etwas kaltem Wasser einweichen und ausdrücken. Nach Packungsanleitung in etwas heißem Wasser glatt rühren und dann portionsweise mit dem Mixer in die Quarkmasse einrühren. Die steife Schlagsahne vorsichtig unter die Masse heben. Die fertige Quarkcreme auf den erkalteten Tortenboden geben und im Kühlschrank über Nacht fest werden lassen. Nach Belieben mit Melisseblättchen oder dünnen Zitronenscheibchen garnieren.

Maria

Maria Gwosdz und Mallorca verbindet seit 22 Jahren eine ganz besondere Liebesgeschichte. Geboren ist sie in Hattingen in der Nähe von Bochum. Bevor sie 1995 auf die Insel kam, lebte sie in Westberlin. Sie hatte einen für mich beneidenswerten Job in der Musikbranche, kannte die neuesten Platten, bevor sie auf dem Markt erschienen, und war mindestens drei- bis viermal die Woche zu Gast auf tollen Konzerten. Sie kam mit vielen internationalen Künstlern in Kontakt. Madonna, Prince, a-ha, Rod Stewart, den Dire Straits … Die Liste ist endlos nach 15 Jahren im Musikgeschäft. Als 1989 die Mauer fiel, verlagerte die Plattenfirma ihren Standort, aber Maria wollte vorerst nicht weg aus Berlin. Sie wollte sich selbstständig machen.

Maria ist eine absolute Powerfrau mit dem Gespür für das gewisse Etwas. Kochen gehört zu ihren Leidenschaften, und das brachte sie auf die Idee, ein Cateringunternehmen zu gründen. Zusammen mit einer Partnerin eröffnete sie bald darauf ihr kleines Geschäft, und beide belieferten fortan Kunstgalerien und Ausstellungen mit ihren außergewöhnlichen Arrangements. Es machte großen Spaß, war aber auch sehr anstrengend.

Ihren Urlaub verbrachte Maria gerne auf Mallorca. Immer öfter dachte sie darüber nach, ganz auf die Insel zu ziehen. Schließlich siedelte sie 1995 mitsamt ihrer Cateringagentur nach Mallorca um. Zu Anfang wohnte sie direkt am Meer, bis sie in ihren Lieblingsort Artà umzog. Es ist eine gemütliche Kleinstadt. Maria erzählte uns, dass es damals dort nur weiße Plastikstühle vor den Restaurants in der langen Fußgängerzone gab und diese relativ trostlos war, bis ein neuer, junger Bürgermeister sein Amt antrat. Er machte Artà erst richtig schön! Bald wurden die Plastikstühle durch geschmackvolle Sitzmöbel ersetzt, Bäume wurden gepflanzt und die Fußgängerzone zog immer mehr Touristen an.

Maria und ihre Partnerin eröffneten hier ihren kleinen Laden und an ihren leckeren Käsekuchen erinnern sich die Bewohner Artàs heute noch. Das Cateringunternehmen sprach sich schnell herum und sie waren bei vielen geschäftlichen und privaten Events vertreten. Wie auch schon zuvor in Berlin kam alles aus eigener Hand. Von der Planung übers Einkaufen und Kochen bis hin zur Präsentation und Bewirtung vor Ort, alles erledigten Maria und ihre Partnerin selbst. Nach drei erfolgreichen, aber anstrengenden Jahren stand eine Veränderung an. Maria war auf der Suche nach einer neuen Aufgabe. Nicht weit von der Fußgängerzone befand

sich das Domus, also das „Haus". Es war eine Kombination von Immobilienbüro, Baufirma, Möbel-, Kunst- und Antiquitätenhandel. Man wollte planen, bauen und bezugsfertig einrichten. Durch Zufall erfuhr Maria von einer freien Stelle dort und suchte den Besitzer auf. Sie hatte Glück und wurde fast umgehend eingestellt. Für die kunstinteressierte und leidenschaftliche Interiordesignerin war diese Arbeit eine willkommene Herausforderung. Maria liebt den Umgang mit Menschen. Schnell arbeitete sie sich ein und schon bald durfte sie das erste Haus für einen Kunden einrichten. Sie war mit Leib und Seele dabei. Als der Besitzer ein paar Jahre später ins Ausland ging, übernahm Maria kurzerhand das Geschäft.

Nach und nach wurde aus dem ehemaligen Domus das DomusArt, ein Lifestyle-Store mit Kunstgalerie. In dem zentral gelegenen alten Stadthaus in der Fußgängerzone Artàs befand sich früher die ehemalige Waschküche des Dorfes, was man noch an einigen gut erhaltenen Elementen im Untergeschoss erkennen kann. Mit seinen großen Fenstern, den verwinkelten Räumen auf zwei Etagen und dem wunderschön gestalteten Innenhof bietet das historische Gebäude die perfekte Kulisse für Bilder und Skulpturen aus Keramik, Eisen und Stein von anerkannten mallorquinischen Künstlern.

Bei Maria findet man alles, um sich das perfekte Zuhause zu gestalten: individuelle Möbelstücke, ausgefallene Lampen, Decken, Kissen und die berühmten farbenfrohen Ikat-Stoffe, die auf der Insel produziert werden. In reiner Handarbeit hergestelltes mallorquinisches Geschirr und viele geschmackvolle Dekorationsartikel runden das Sortiment ab. Aber auch eine kleine Auswahl ausgesuchter Designermode sowie Taschen, Schals und Schmuckaccessoires lassen das Frauenherz höherschlagen.

Gemäß ihrer Philosophie „Einrichten ist ganz einfach, man braucht nur gute Kunst und ein paar schöne Möbel" war Maria in den vergangenen Jahren schon vielen Finca-Besitzern auf Mallorca bei der Verwirklichung privater Wohnträume behilflich. Zur Inspiration bedarf es bei ihr keiner großen Reisen, sie holt sich alle Ideen vor Ort auf ihrer Lieblingsinsel. Die Natur hat einiges zu bieten, und manchmal findet man auch bei einem ausgedehnten Strandspaziergang ein schönes Stück Treibholz, das sich zur Dekoration von Haus oder Garten eignet.

Für Maria gibt es keinen besseren Ort zum Leben als Mallorca. Besonders gefallen ihr die Schönheit der Natur im Wechsel der Jahreszeiten, die Vielfältigkeit der Insel, das Großstadtflair von Palma, das internationale Publikum, die Liebenswürdigkeit der Mallorquiner und nicht zuletzt ihre Lieblingstiere, die vielen Schafe mit ihren leise klingelnden Glöckchen.

Die wunderbare Begegnung mit „Maria de Domus", wie sie liebevoll von den Mallorquinern in Artà genannt wird, verdanke ich unserem Freund Hardy, den wir bei unserem allerersten Mallorcaurlaub in Artà besuchten. Jeden Dienstag findet dort der Markt statt. Wir schlenderten damals gemütlich durch die Fußgängerzone und vorbei an Marias Geschäft. Der geschmackvoll dekorierte Eingang der Galerie mit dem einladenden roten Teppich übte eine große Anziehungskraft aus. Darin wartete ganz sicher einiges auf mich, das in unser Zuhause passte. Durch meinen kunterbunten Ibiza-Hippiestyle kamen wir schnell mit Maria ins Gespräch. Auch sie hat ein Faible für Buntes und Ausgefallenes und beide sind wir sehr kontaktfreudig. Aus der damals kurzen Begegnung ist mittlerweile eine schöne freundschaftliche Beziehung entstanden, und wie Maria empfinde auch ich dieses Glücksgefühl, wenn ich die Schäfchen auf den Wiesen sehe, und nehme dieses Bild bei jedem Abschied mit, egal wohin ich auch gehe!

ENTER WITH A HAPPY HEART!

DOMUS ART

MÖHRENSUPPE MIT INGWER UND GETROCKNETEN APRIKOSEN

4 PERSONEN / HAUPTSPEISE / VEGETARISCH

ZUTATEN

500 g Möhren
1 Stück Ingwer (30 g)
60 g Zwiebeln
50 g getrocknete Aprikosen
2 EL Kokosöl
150 ml Weißwein
100 ml Orangensaft
500 ml Gemüsebrühe
200 ml Sahne
1 Bund frischer Koriander
1 TL Kreuzkümmelsamen
Salz und frisch gemahlener schwarzer Pfeffer
Cayennepfeffer

Außerdem:
Stabmixer

ZUBEREITUNG

Möhren, Ingwer und Zwiebeln schälen und alles fein würfeln. 2 der Aprikosen in dünne Streifen schneiden und beiseitestellen, die restlichen Aprikosen fein würfeln.

Etwas Kokosöl in einer Pfanne erhitzen. Ingwer, Zwiebeln und Aprikosenwürfel in die Pfanne geben und 2 Minuten andünsten. Dann auch die Möhren zugeben und weitere 3 Minuten garen. Mit Weißwein und Orangensaft ablöschen. Gemüsebrühe und Sahne zugießen und alles 15 Minuten bei mittlerer Hitze köcheln lassen.

Währenddessen die Korianderblättchen von den Zweigen zupfen und grob hacken. Die Kreuzkümmelsamen im Mörser zermahlen.

Die Möhrensuppe mit einem Stabmixer fein pürieren. Mit Kreuzkümmel, Salz, Pfeffer und Cayennepfeffer würzen. In tiefen Tellern anrichten und mit Koriander und Aprikosenstreifen garnieren.

GEFÜLLTE HÄHNCHENSCHNITZEL MIT TOMATENSOßE UND BANDNUDELN

4 PERSONEN / HAUPTGERICHT

ZUTATEN

2 Hähnchenbrustfilets (à 300 g)
150 g Gorgonzola
1 Eigelb
80 g Mehl
2 Eier (Größe L)
130 g Semmelbrösel
30 g Butterschmalz (alternativ Ghee)
Salz und weißer Pfeffer

Für die Tomatensoße:
100 g Schalotten
2 EL Olivenöl
1 Glas passierte Tomaten (400 g)
1 Prise Zucker
Salz

Für die Bandnudeln:
400 g Bandnudeln (Fertigprodukt)
1 Handvoll Kirschtomaten
50 g Butter
1 Bund frisches Basilikum
(Blättchen abgezupft)
Salz

Außerdem:
Fleischklopfer, Küchenreibe

ZUBEREITUNG

Die Hähnchenbrustfilets abspülen, trocken tupfen und von Fett und Sehnen befreien. Dann längs halbieren. Jede Hälfte seitlich einschneiden, dann aufklappen und mit einem Fleischklopfer flach klopfen (Schmetterlingsschnitt).

Den Gorgonzola entrinden, klein reiben und mit dem Eigelb glatt verrühren. Die Hähnchenschnitzel mit Salz und Pfeffer würzen. Die Gorgonzola-Creme auf die Innenseite der Schnitzel streichen, dabei einen Rand frei lassen. Die Schnitzel zusammenklappen und die Ränder flach klopfen, damit sich Ober- und Unterseite verbinden und die Füllung fest ummantelt ist.

Das Mehl mit Salz und Pfeffer mischen und in eine Schale geben. Die Eier in einer zweiten Schale mit einer Gabel verrühren. Die Semmelbrösel in eine weitere Schale geben. Hähnchenschnitzel zuerst im Mehl wenden und abklopfen, dann durch das Ei ziehen, anschließend in den Semmelbröseln wenden und diese etwas andrücken. Das Butterschmalz in einer Pfanne erhitzen und die Schnitzel darin auf jeder Seite 6 Minuten goldbraun braten.

Für die Tomatensoße die Schalotten schälen, hacken und in Olivenöl andünsten. Die passierten Tomaten zufügen und alles 10 Minuten einkochen lassen. Zum Schluss mit Salz und einer Prise Zucker würzen. Beiseitestellen.

Die Nudeln nach Packungsanleitung in Salzwasser zubereiten. Währenddessen die Kirschtomaten putzen und auf der Oberseite kreuzförmig einschneiden. In einer Pfanne die Butter bräunen lassen, die Tomaten auf der eingeritzten Seite für 1 Minute darin braten. Die Basilikumblättchen abbrausen, trocken tupfen und fein hacken. Die fertigen Nudeln und das Basilikum zu den Tomaten geben, mischen. Die gebratenen Hähnchenschnitzel darauf anrichten.

SCHOKOLADENMOUSSE MIT FEIGENKOMPOTT

4 PERSONEN / DESSERT

ZUTATEN

100 g Halbbitterkuvertüre
3 Eier (getrennt)
80 g Zucker
Salz
250 ml Sahne

Für das Feigenkompott:
80 g Zucker
40 g Honig
150 ml Weißwein
150 ml Orangensaft

3 Nelken
1 Zimtstange
Abrieb von einer ½ Bio-Orange
Abrieb von 1 Bio-Zitrone
Ausgekratztes Mark und Schote von
1 Vanilleschote

8 frische Feigen
30 g Pinienkerne
2 TL Speisestärke

ZUBEREITUNG

Kuvertüre grob hacken und über dem Wasserbad schmelzen. Die Eigelbe mit dem Zucker in einer Schüssel über einem zweiten Wasserbad (das Wasser soll nur heiß sein, nicht kochend) cremig rühren. Die geschmolzene Kuvertüre unter den Eischaum heben. Die Schüssel in eine größere Schüssel mit Eiswasser stellen und die Masse abkühlen lassen. Dabei gelegentlich umrühren.

Die Eiweiße mit einer Prise Salz steif schlagen und ⅓ davon mit dem Schneebesen unter die Kuvertüre-Masse heben. Die Sahne halbsteif schlagen und zusammen mit dem restlichen Eiweiß nach und nach unter die Kuvertüre-Masse heben. Dann abgedeckt für mindestens 2 Stunden kalt stellen.

Für das Feigenkompott Zucker in einem Topf hellbraun karamellisieren lassen. Honig zugeben und mit Weißwein und Orangensaft ablöschen. Nelken, Zimtstange, Orangen- und Zitronenschalen, das ausgekratzte Mark sowie die Vanilleschote zufügen. Bei mittlerer Hitze auf die Hälfte einkochen lassen.

In der Zwischenzeit die Feigen schälen und die Pinienkerne in einer Pfanne ohne Fett goldbraun rösten. Vanilleschote, Zimtstange und Nelken aus dem Topf nehmen. Speisestärke mit 4–5 Esslöffel kaltem Wasser glatt rühren und in den Gewürzsirup rühren. Feigen und Pinienkerne zugeben, alles kurz aufkochen lassen. Das fertige Kompott beiseitestellen und abkühlen lassen.

Zum Anrichten einen großen Löffel in heißes Wasser tauchen und damit Nocken aus der Mousse stechen. Diese auf Teller geben und mit dem Feigenkompott servieren.

AUßERDEM:
EISWÜRFEL FÜR EISWASSER, SCHNEEBESEN

I ♥ ARTÀ

EIN KLEINOD IM NORDEN: DAS SCHÖNE KÜNSTLERSTÄDTCHEN ARTÀ

Son Serra de Marina

Son Serra de Marina liegt in der nördlichsten Bucht von Mallorca, zwischen Port D'Alcúdia und Cala Rajada. An dem endlos langen Strand findet man keine großen Hotelanlagen, stattdessen jede Menge Rosmarin, Wacholder, Strandlilien sowie geschützte Vogelarten. Anstelle von Liegen oder Sonnenschirmen erblickt man hier einfach nur das türkisblaue Meer. Eine gemütliche Strandbar lädt zum Verweilen ein und ein paar mallorquinische Künstler bieten ihre handgetöpferte Keramik zum Kauf an. Hier befindet man sich im Naturschutzgebiet, einem Paradies für FKK-Urlauber. Beim ausgiebigen Spaziergang auf den Holzstegen durch die Dünen entdeckt man Steinobelisken, die der Marine früher für Peilübungen dienten, oder auch abstrakte Kunstwerke aus Treibholz und Strandgut. Nicht zu glauben, dass hier einmal eine riesige Urbanisation für den Massentourismus geplant war. Ein großer Dank an die Naturschützer, die das verhindern konnten!

Son serra

Carola und Luis

Auf der Suche nach interessanten Menschen für dieses Buch fragte ich eines Tages eine Freundin, Claudia Schubert vom Landhotel Calador auf Ibiza, nach neuen, passenden Kontakten. Ganz spontan sagte sie: „Carola und Luis", und gab mir deren Telefonnummer. Ich rief sofort an und nach einem kurzen Gespräch war klar: Diese Leute wollte ich kennenlernen! Die beiden wohnen in Petra, einem kleinen Weinstädtchen mitten auf Mallorca. Hier gibt es einige berühmte Sehenswürdigkeiten, wie zum Beispiel die Pfarrkirche Sant Pere, ein Kloster, eine Mehlwindmühle und ein Museum zu Ehren des berühmten Missionars Junípero Serra, dem Begründer von San Francisco in den USA. Der Besuch lohnt sich definitiv. An einem Sonntagmorgen treffen wir Carola an der Kirche Sant Pere und von hier aus geht's zu ihrem Zuhause. Der Weg führt hoch auf einen kleinen Hügel. Schon von Weitem sehen wir das alte Bauernhaus mit der großen Wiese davor. Dort angekommen, hat man einen wunderschönen Blick hinunter ins Tal. Zu dem Bauernhaus gehören noch der Weideplatz für ein Pferd, ein aussergewöhnlicher Kakteengarten und Stallungen, die jetzt als Holzwerkstätten dienen. Im Schatten eines großen Johannisbrotbaums laden Tisch und Stühle zum Sitzen und Verweilen ein. Hier erwartet uns Luis mit einer Tasse Kaffee. Im Laufe des Nachmittags, während eines leckeren gemeinsamen Essens, erfahren wir dann mehr von dem Paar. Carola Prang ist Deutsche und stammt aus Hamburg. Luis Alejandro Gomez Tondreau kommt aus Lateinamerika und ist in Santiago de Chile geboren. Die beiden herzlichen Menschen machen einen angekommenen, glücklichen Eindruck. Man könnte meinen, sie würden schon immer hier leben. Tatsächlich wohnen sie aber erst seit November 2015 hier.

Die Liebesgeschichte der beiden begann auf Ibiza. Luis lebte dort seit 1985. Nach einem Jurastudium, das ihm zu „trocken" war, studierte er Gartendesign. Anschließend ging er auf Reisen: erst nach Brasilien, Argentinien und Peru, danach fuhr er in die Vereinigten Staaten und schließlich nach Europa. Hier entschied er sich für Spanien. Er besuchte Barcelona und buchte einen kleinen Trip nach Ibiza. Schon nach einer Woche entschloss er sich zu bleiben und zerriss sein Rückflugticket.

Er hatte keine Ersparnisse, war aber zuversichtlich, hier Arbeit zu finden. Was ihm auch gleich gelang. Nach einigen kleineren Jobs bekam er das Angebot, den Garten des berühmten Pikes Hotels in Sant Antoni zu gestalten. Damit war er drei Jahre beschäftigt, bis er Inhaber der populären Musikbar Raco Verd in Sant Josep wurde. Dort lernte er schließlich Carola kennen. Diese kam mehrmals im Jahr nach Ibiza, lebte und arbeitete aber in Hamburg, wo sie Messen plante und organisierte. Vom Flughafen aus ging es stets direkt ins Raco Verd. Hier bestellte sie dann bei Luis üblicherweise einen Milchkaffee und einen frisch gepressten Orangensaft. Viele Jahre ging das so, bis die beiden sich im Juni 2001 ineinander verliebten. Wenige Monate später zog Carola zu Luis nach Ibiza.

Beide betrieben von nun an gemeinsam die Bar. In den Wintermonaten zog es sie nach Indien, ihrem bevorzugten Urlaubsdomizil. Doch Gastronomie ist ein anstrengendes Geschäft, und so entschied sich Luis 2007, die Bar zu verkaufen.

Durch ihre guten Spanischkenntnisse fand Carola schnell eine Anstellung in einem Hotel. Luis wollte sich mehr seiner Leidenschaft für Holzarbeiten widmen. Er begann mit der Restaurierung alter Möbel und fertigte Skulpturen. 2012 eröffneten sie noch einmal ein kleines Restaurant an der Cala Tarida. Aber richtig glücklich machte es sie nicht. Ihre Mitarbeiterin Laura kam aus Mallorca. Dort kannte Luis nur die Touristengebiete. Laura lud Carola und Luis ein, gemeinsam mit ihr zu einem großen Fest nach Hause zu fahren. Als sie mit Laura durchs Tramuntana-Gebirge fuhren, waren beide so begeistert von dieser Landschaft, dass sie fortan von einem Leben auf Mallorca träumten.

Carola machte sich dort auf die Suche nach einer Anstellung und fand diese in einem Büro in Manacor. Zusammen mit ihrer kleinen schwarzen Katze Bidi und den zwei Hunden Baba und Luca ging es nach Mallorca. Bei einer Feier lernten sie durch Zufall eine einheimische Familie kennen. Diese erzählte von ihrem leer stehenden alten Bauernhaus oben auf dem Hügel und dem Pferd „Vainilla". Sie suchten jemanden, der bereit war, es zu versorgen. Und da waren sie bei den beiden Tierliebhabern genau richtig! Liebevoll begannen Carola und Luis, das Haus und die Stallungen zu renovieren. Auch gab es einen großen Garten, in dem sie Kräuter und Gemüse anbauen konnten.

Inzwischen leben sie mit ihren Tieren inmitten dieser herrlichen Natur, und Luis hat viel Platz, um sich seinen Holzarbeiten zu widmen. Diese stellt er auf Kunsthandwerkermärkten aus und betreibt auch einen kleinen Onlineshop. Wer Lust hat, sich die Holzkunstwerke einmal persönlich bei Luis anzusehen, ist herzlich eingeladen! Bei einer köstlichen Tasse Kaffee fällt die Entscheidung bestimmt nicht schwer. Und auf diesem Weg kann man ein kleines Stückchen Mallorca mit nach Hause nehmen.

GEMISCHTER BLATTSALAT MIT ZIEGENKÄSE UND FRÜCHTEN

4 PERSONEN / VORSPEISE ODER SALAT / VEGETARISCH

ZUTATEN

Für das Dressing:
2 Tassen Apfelessig
1 Tasse Honig oder Zucker

Für den Salat:
4 Handvoll gemischter
Blattsalat (z. B. Batavia,
Feldsalat, Eichblattsalat)
1 Rolle Ziegenfrischkäse
(à 200 g)
1 Pfirsich (alternativ 1 Birne
oder 1 süßer Apfel)
4 frische Feigen
1 Handvoll Weintrauben
1–2 EL Sonnenblumenkerne
4 Stängel frisches Basilikum
(Blättchen abgezupft)

ZUBEREITUNG

Für das Dressing den Essig zusammen mit dem Honig oder Zucker in einem kleinen Topf zum Kochen bringen und ca. 20 Minuten leicht köcheln, sodass die Flüssigkeit reduziert und eine dickflüssige Konsistenz entsteht. Anschließend abkühlen lassen.

Den Blattsalat putzen und auf die Teller verteilen. Den Ziegenkäse in dicke Scheiben schneiden, den Pfirsich in dünnere. Die Feigen und die Weintrauben waschen und halbieren. Die Früchte und die Ziegenkäse-Scheiben auf dem Salat anrichten. Die Sonnenblumenkerne ohne Öl kurz in einer Pfanne rösten und über den Salat streuen. Die Basilikumblättchen in feine Streifen schneiden und über dem Salat verteilen. Das Dressing getrennt reichen.

TIPP:
DAS DRESSING SOLLTE CA. 2 STUNDEN
VOR DEM SALAT ZUBEREITET WERDEN.

GEBACKENE DORADE MIT ROSMARINKARTOFFELN

4 PERSONEN / HAUPTGERICHT

ZUTATEN

4 küchenfertige Doraden
4 Knoblauchzehen
5 kleine rote Chilischoten
(getrocknet)
Olivenöl
12 mittelgroße, festkochende
Bio-Kartoffeln
3 Rosmarinzweige (frisch
oder getrocknet)
2 Bio-Zitronen
Salz

Außerdem:
Backblech

ZUBEREITUNG

Den Backofen auf 180 °C vorheizen. Die Doraden abspülen und trocken tupfen. Von allen Seiten mit Salz würzen und auf ein Backblech legen. Zwei Tassen Wasser angießen. Die Doraden auf mittlerer Schiene bei 180 °C je nach Größe 20–25 Minuten garen. Wenn nötig, Wasser nachgießen, sodass immer ein wenig Flüssigkeit auf dem Backblech steht. Die Doraden sind gar, wenn sich die Rückenflosse leicht herausziehen lässt.

Die Knoblauchzehen schälen und in dünne Scheibchen schneiden. Diese zusammen mit den Chilischoten kurz in Olivenöl anbraten und beiseitestellen.

Die Kartoffeln gründlich abspülen und ungeschält in Salzwasser etwa 12–15 Minuten bissfest kochen. Sie sollten nicht ganz gar sein. Das Wasser abgießen, die Kartoffeln abkühlen lassen und vierteln.

Olivenöl in einer großen Pfanne erhitzen und die Kartoffelspalten langsam von allen Seiten goldbraun anbraten. Kurz bevor die Kartoffeln fertig sind, die Rosmarinnadeln abzupfen und sie zu den Kartoffeln geben. Mit Salz abschmecken.

Die Zitronen heiß abwaschen, trocken tupfen und vierteln. Den Fisch, die Rosmarinkartoffeln und die Zitronenviertel auf Tellern anrichten. Die Dorade mit dem heißen Chili-Knoblauchöl begießen.

ZUR DORADE FRISCHES BAGUETTE REICHEN. BESONDERS GUT PASST AUCH EIN TROCKENER WEIßWEIN.

ZITRONENCREME

4 PERSONEN / SÜSSPEISE

ZUTATEN

4 Blatt Gelatine (weiß)
150 ml frisch gepresster
Bio-Zitronensaft
150 g Zucker
150 g Vollmilchjoghurt
1 Becher Schlagsahne (200 g)
1 Eiweiß
1 Bio-Zitrone

Außerdem:
Zitronenpresse,
Schneebesen, Sparschäler
oder Zestenreißer

ZUBEREITUNG

Die Gelatine 5 Minuten in kaltem Wasser einweichen. Den Zitronensaft in einem kleinen Topf erwärmen. Die Gelatine ausdrücken und unter Rühren im heißen Zitronensaft auflösen, dann den Zucker einrühren.

Den Joghurt mit der Zitronensoße vermengen. Die Masse kalt stellen und gelegentlich umrühren. Wenn sie beginnt, dickflüssig zu werden, die Sahne und das Eiweiß getrennt voneinander steif schlagen und beides unterheben.

Die Creme in Gläser oder Schälchen füllen und 2 Stunden lang kalt stellen. Vor dem Servieren mit einem Sparschäler oder Zestenreißer lange dünne Streifen aus der Zitronenschale schneiden und damit die Creme dekorieren.

Nicole und Timo

Nicole Hempel und Timo Koch sind in Ostdeutschland geboren. Nicole stammt aus Halle an der Saale, wo ihre Eltern eine Pension mit Restaurant und Bar betrieben. Schon als Kind gefielen ihr das Gastgewerbe und der Umgang mit Menschen, und so eröffnete sie später, nach abgeschlossener Ausbildung zur Floristin, eine eigene Bar in Linz am Rhein. Nicole hat eine herzliche, offene Art, und da sie zeitweise auch als Streetworkerin tätig war, entwickelte sich die Bar zur Anlaufstelle für viele Jugendliche, die bei Nicole Rat suchten oder sich einfach dort treffen und austauschen wollten.

Auch Timo, aus Leipzig stammend, eröffnete nach seinem BWL-Studium zusammen mit Freunden eine Bar. Später leitete er dann ein großes Unternehmen als Berater in der Gastronomiebranche. Das Schicksal brachte die beiden eines Tages in Form ihres gemeinsamen Getränkehändlers zusammen. Timo war beruflich ständig unterwegs und brauchte dringend jemanden, der die Leitung eines großen Events in einem Schloss übernahm. Da empfahl ihm sein Getränkehändler Nicole. Timo engagierte sie sofort und schon bald war sie unentbehrlich für ihn. Bis sie ein Paar wurden, mussten noch einige Hürden genommen werden, aber Timo ließ nichts unversucht.

Er arbeitete ohne Pause und sein engster Mitarbeiter Klaus lud ihn immer wieder

zum Ausspannen für ein paar Tage auf seine Finca nach Mallorca ein. Doch es war zwecklos. Timo bezeichnet sich als „Urlaubshasser", Sonnenliege und Strand sieht er als Strafe, und dazu wollte er schon gar nicht auf die „Putzfraueninsel", wie Mallorca früher häufig genannt wurde. Fast zehn Jahre lang weigerte er sich beharrlich, bis Klaus ihn 2005 endlich zu einem Besuch überreden konnte. Kaum war er angekommen, geschah das Unfassbare: Timo wollte nicht mehr zurück nach Deutschland! Er war von Anfang an verliebt in die Insel. So blieb er bei Klaus, seine Geschäfte liefen zu Hause erst einmal weiter. Tatenlos konnte er aber nicht sein, und da Klaus ein großer Pferdekenner ist, kamen sie rasch auf die Idee, Pferde zu züchten – natürlich eine spanische Rasse, die weiße Pura Raza Española, kurz PRE. Platz war genügend vorhanden, und so machten sie sich auf die Suche nach Pferden, die keiner mehr haben wollte. Sie wurden schnell fündig und kümmerten sich liebevoll um die abgeschobenen Tiere. Als die ersten Fohlen geboren wurden, brachten sie es aber nicht übers Herz, sie zu verkaufen – und so behielten sie einfach alle. Die Pferdezucht hatte sich somit erledigt.

Timo vermisste Nicole und wollte sie unbedingt wiedersehen, aber auch sie ist ein Workaholic und nicht so leicht zu einer Auszeit zu bewegen. So rief Timo in der Personalabteilung seiner Firma an und verordnete Nicole einen Zwangs-urlaub. Das Ticket war gebucht, und Nicole flog nach Mallorca, wo sie eine schöne Zeit mit Timo verbrachte. Als der Urlaub um war, wollte auch Nicole nicht mehr nach Deutschland zurück. Timo und Nicole wollten zusammenbleiben und sich auf Mallorca eine gemeinsame Existenz aufbauen. Fast zwei Jahre suchten sie nach einem passenden Objekt, um darin ein Hotel zu eröffnen, bis sie vor ca. acht Jahren das Can Davero fanden.

Das Weingut und Landhotel befindet sich in Binissalem, mitten auf der Insel, in einem der Hauptweinanbaugebiete. Es war etwa Mitte Oktober, als wir die beiden an einem Sonntagmorgen besuchten. Die Sonne schien, aber die Blätter der zahlreichen Weinreben hatten bereits ihr Herbstkleid angelegt. Die Trauben waren längst geerntet und verarbeitet. Dennoch boten die Weinstöcke ein reizvolles Bild. Nicole und Timo erwarteten uns bereits. Nach einer herzlichen Begrüßung bekamen wir eine kleine Führung durch das Anwesen, die Bodega und ihr Hotel. Es verfügt über elf Zimmer. Von der Dachterrasse der „Turmsuite" aus hat man einen herrlichen Blick über die Weinberge.

Auch die tierischen Mitbewohner lernten wir kennen, darunter der liebe Hund Gimba, die fünf Katzen und vier Wasserschildkröten. Diese haben ein besonders schönes Zuhause in einem Teich mit weißer Statue darin und sind so zutraulich,

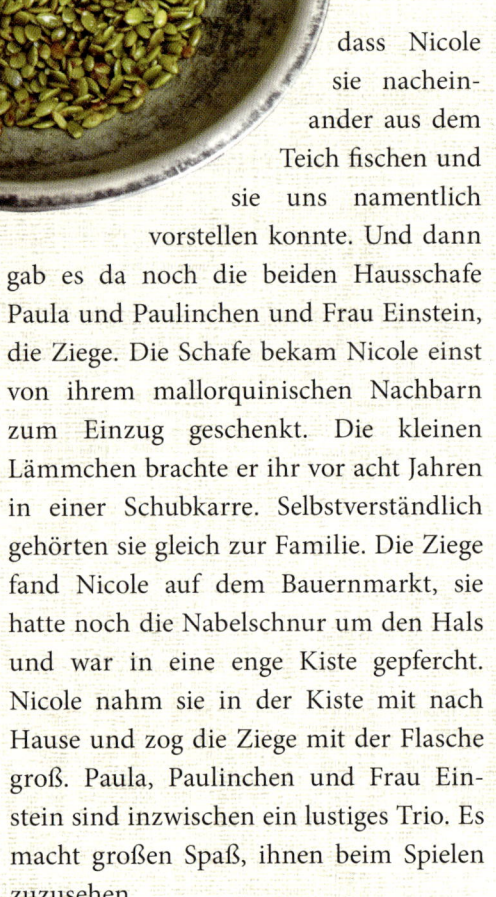

dass Nicole sie nacheinander aus dem Teich fischen und sie uns namentlich vorstellen konnte. Und dann gab es da noch die beiden Hausschafe Paula und Paulinchen und Frau Einstein, die Ziege. Die Schafe bekam Nicole einst von ihrem mallorquinischen Nachbarn zum Einzug geschenkt. Die kleinen Lämmchen brachte er ihr vor acht Jahren in einer Schubkarre. Selbstverständlich gehörten sie gleich zur Familie. Die Ziege fand Nicole auf dem Bauernmarkt, sie hatte noch die Nabelschnur um den Hals und war in eine enge Kiste gepfercht. Nicole nahm sie in der Kiste mit nach Hause und zog die Ziege mit der Flasche groß. Paula, Paulinchen und Frau Einstein sind inzwischen ein lustiges Trio. Es macht großen Spaß, ihnen beim Spielen zuzusehen.

Hinter dem ursprünglichen Hotelgebäude liegt ein neu erbauter Gesellschaftsraum mit offener Küche. Hier werden die Mahlzeiten vor den Augen der Gäste zubereitet. Nicole ist für das reichhaltige Frühstücksbuffet zuständig und erfüllt gerne individuelle Kundenwünsche, wie ein köstliches Omelett mit Käse, Tomaten und Kräutern. Die Gästebetreuung gehört auch zu Nicoles Bereich. Manchmal bietet sie Kurse an, in denen die Gäste lernen können, wie ein traditioneller Hierbas, der mallorquinische Kräuterlikör,

hergestellt wird. Am liebsten kümmert sich Nicole um die Versorgung der Tiere und den großen Garten, sie dekoriert die Zimmer oder die Tische des Gastraumes. Da kommt die gelernte Floristin durch!

Timo und Nicole sprechen fließend Spanisch und haben eine Vorliebe für mediterrane mallorquinische Küche. Timo ist leidenschaftlicher Koch und kümmert sich um das leibliche Wohl der Gäste. Fast täglich fährt er zum Einkaufen in die Markthalle nach Palma de Mallorca, um alle Lebensmittel so frisch wie möglich auf den Tisch zu bringen. Besonderen Wert legt er auf fangfrischen Fisch und unterstützt die traditionellen, alten Fischerfamilien, die ihre Ware an Marktständen verkaufen. Kräuter bauen Nicole und Timo selbst im Garten an, auch das Olivenöl kommt aus eigenem Anbau. Dafür haben die beiden eine eigene Oliven-Presse. Wir dürfen das Öl mit frisch gebackenem Brot von Timo testen – es schmeckt einfach köstlich!

Timo ist auch für das Marketing, die Öffentlichkeitsarbeit und die Bodega zuständig. Als Nicole und Timo das Finca-Hotel mit Agrotourismus und dem vielen Land kauften, wussten sie noch gar nicht genau, was sie denn gerne anbauen würden. Die Grundidee des Agrotourismus ist es, alte Gebäude zu erhalten und den Gästen die Nähe zur Landwirtschaft und zur lokalen mallorquinischen Küche zu ermöglichen. Die Lösung kam ganz

spontan bei einem Glas Wein abends am Pool. Nicole und Timo trinken gerne Wein und schließlich waren sie mitten im Weinanbaugebiet Mallorcas! Was also lag näher, als hier Wein anzubauen? Der Plan wurde sogleich in die Tat umgesetzt, Winzer und Önologen zurate gezogen und schon bald holte ein Bagger die ersten Steine aus dem Boden. Die Planierraupe kam zum Einsatz und die ersten Stöcke wurden gesetzt.

18500 Stück waren das damals, Nicole und Timo erinnern sich noch genau. Von nun an waren sie jeden Tag zusammen mit vielen Helfern in den Weinstöcken, um Triebe auszubrechen und anzubinden. In der Zwischenzeit musste eine Bodega aufgebaut werden und ein Chefwinzer und eine Önologin wurden angestellt. Nach drei Jahren wurde der erste hauseigene Bio-Wein abgefüllt und alle waren begeistert!

Doch das war erst der Anfang. Timo suchte nach freien Flächen auch außerhalb seines Grundstücks, um noch mehr Wein anzubauen. Nicht lange und er gründete sein Dienstleistungsunternehmen Weinwert®. Damit verhilft er heute Grundbesitzern mit brachliegenden, ungenutzten Flächen zu ihrem eigenen Wein – ehrlich, biologisch und handgemacht. Der eigene Name ziert dann das Etikett und die produzierten Weine kann man verschenken, verkaufen oder auch einfach selbst genießen.

Nicole und Timo haben ihr Glück gefunden auf Mallorca und möchten auch nicht mehr weg. Timo muss nicht mehr in den Urlaub fahren und auch Nicole bleibt lieber zu Hause bei ihren Tieren. Urlaubsfeeling ist hier jeden Tag mit Sonne, Pool und Ausspannen gegeben. Aber so, wie wir das Paar jetzt kennengelernt haben, werden sie in Zukunft bestimmt noch einige Ideen verwirklichen – nach dem Motto: „Mein Haus, mein Auto, mein Boot, mein Weinberg …" Wir sind gespannt!

DAS LUXUSDOMIZIL DER SCHILDKRÖTEN!

DER HAUSEIGENE BIO-WEIN: EHRLICH, BIOLOGISCH UND HANDGEMACHT

SALSA DE ELLI

4 PERSONEN / DIP / VEGAN

ZUTATEN

3 rote Paprikaschoten
2 Tomaten
6 EL geschälte, geröstete
Mandeln
2 Knoblauchzehen, geschält
3 EL geröstete Pinienkerne
120 ml Olivenöl
1 Schuss Essig (vorzugsweise
Sherryessig/Vinagre de Jerez)
Paprikapulver (rosenscharf),
nach Belieben
Salz und frisch gemahlener
schwarzer Pfeffer
2 EL Kapern nach Belieben
1 TL grüner Pfeffer nach
Belieben

Außerdem:
Backblech, Backpapier,
Stabmixer

ZUBEREITUNG

Den Backofen auf 190 °C vorheizen.

Paprikaschoten putzen, trocken tupfen und auf einem mit Backpapier ausgelegten Backblech 10 Minuten bei 190 °C im Ofen backen. Danach schälen, von Samen befreien und in grobe Stücke schneiden.

Die Tomaten einritzen und mit heißem Wasser übergießen, dann schälen und entkernen.

Die Mandeln, Knoblauch und Pinienkerne kurz in etwas Olivenöl in einer Pfanne rösten. Dann alle Zutaten in ein hohes Gefäß geben und mit einem Stabmixer pürieren. Das restliche Öl sowie den Essig langsam zugeben. Die Salsa sollte sämig, aber nicht dickflüssig sein, gegebenenfalls mehr Öl zugeben. Mit Salz, Pfeffer und eventuell etwas Paprikapulver würzen.

TIPP: Wer mag, kann noch 2 Esslöffel Kapern und/oder 1 Teelöffel grünen Pfeffer zufügen.

TIPP:
DIE SALSA EIGNET SICH ALS SOßE ZU GEMÜSE, FLEISCH UND MEERESFRÜCHTEN ODER AUCH ALS DIP!

LAMMSCHULTER AN KOKOS-BÖHNCHEN UND ROTEM KARTOFFELKRAMPERL

4 PERSONEN / HAUPTGERICHT

ZUTATEN

5 Knoblauchzehen (geschält)
2 Stück Sternanis
1 TL Zimt
1 TL Kreuzkümmelsamen
50 ml Olivenöl plus etwas
mehr zum Einfetten
1 Lammschulter (ca. 1,2 kg)
1 Zwiebel
1 rote Paprikaschote
2 frische Tomaten
1 reife Mango
500 ml Gemüsebrühe
10 g Honig
Petersilie zum Garnieren
Meersalz und frisch gemahlener
schwarzer Pfeffer

Für die Kokos-Böhnchen:
300 g junge Brechbohnen
20 ml Essig
20 g Zucker
1 EL Salz
1 EL Kokosöl
200 ml Kokosmilch
frisch geriebene Muskatnuss
Meersalz und frisch gemahlener
schwarzer Pfeffer

Für den Kartoffelkramperl:
150 g blaufleischige Kartoffeln,
Sorte Violetta (auch „Blaue Elise")
½ Knoblauchzehe
1 rote Zwiebel
1 kleine rote Chilischote
1 Bund Estragon
1 Bund Melisse
Olivenöl
10 g Butter plus etwas mehr Butter zum
Einfetten
1 Ei
20 ml Milch

Außerdem:
Bräter mit Deckel, Stabmixer,
Abtropfsieb, Einweghandschuhe, kleine
flache Auflaufförmchen oder eine große
Auflaufform für den Kartoffelkramperl

ZUBEREITUNG

Die Knoblauchzehen mit 1 Teelöffel Salz, Sternanis, Zimt, Kreuzkümmelsamen und Olivenöl zu einer Paste vermengen.

Die Lammschulter auf der Hautseite etwa alle 5 Zentimeter leicht einritzen. Jetzt mit der Paste einreiben und für mindestens 1 Stunde bei Zimmertemperatur ruhen lassen. Den Backofen auf 220 °C vorheizen.

Den Bräter mit etwas Olivenöl einstreichen. Die Zwiebel schälen, die Paprika putzen und von Samen und Scheidewänden befreien, die Tomaten putzen und den Stielansatz entfernen, dann alles würfeln. Die Mango schälen, den Kern entfernen und ebenfalls würfeln. Alles in den Bräter geben, mit Salz und Pfeffer würzen und vermischen.

Die Lammschulter mit der Hautseite nach oben zum Gemüse in den Bräter geben, abdecken und in den Ofen geben. Nach 20 Minuten die Schulter wenden und die Gemüsebrühe angießen. Danach die Temperatur auf 150 °C reduzieren und die Schulter 3,5 Stunden schmoren lassen.

Die Schulter vorsichtig entnehmen und beseitestellen, die Temperatur auf 180 °C erhöhen. Den Gemüsesud in einen Topf umgießen und mit einem Stabmixer pürieren. Mit Salz und Pfeffer abschmecken. 50 ml dieser Soße mit dem Honig verrühren, die Lammschulter auf der Hautseite damit bestreichen und erneut in den Ofen stellen. Für ca. 20 Minuten goldbraun glasieren. Zum Anrichten mit frischer Petersilie bestreuen.

Währenddessen die Bohnen in einem Abtropfsieb waschen, die Enden abschneiden und (je nach Bohnensorte) die Fäden auf beiden Seiten abziehen. Dann einen Topf mit 1 Liter Wasser aufsetzen und zum Kochen bringen. Essig, Zucker und Salz ins Wasser geben. Die Bohnen in das kochende Wasser geben. Anschließend die Temperatur reduzieren und

ca. 10 Minuten ziehen lassen (nicht kochen). Die Bohnen in ein Sieb abgießen und mit kaltem Wasser abschrecken.

In einem zweiten Topf das Kokosöl und die Kokosmilch aufkochen, dann die Bohnen zugeben und mit Muskat, Salz und Pfeffer würzen.

Für den Kartoffelkramperl die lilafarbenen Kartoffeln (da sie abfärben können, mit Einweghandschuhen) schälen und in Würfel mit einer Seitenlänge von ca. 0,5 Zentimeter schneiden.

Den Knoblauch und die Zwiebel schälen und würfeln, ebenso die Chilischote. Die Blättchen von Estragon und Melisse abzupfen und klein hacken. Das Öl in einer Pfanne erhitzen und darin die Kräuter zusammen mit Knoblauch, Zwiebel und Chili ca. 10 Minuten dünsten, abkühlen lassen und die Kartoffelwürfel unterheben.

Die Butter mit dem Ei und der Milch verquirlen. Die gewürzten Kartoffelstückchen in eine gebutterte Auflaufform geben und die Mischung aus Ei, Milch und Butter darübergeben. Zusammen mit dem Lamm die letzten 20 Minuten im Ofen backen.

Das fertige Lamm portionsweise auf Tellern anrichten, dazu die Kokos-Böhnchen und den Kartoffelkramperl servieren.

TARTA CREMA CATALANA

8 PERSONEN / SÜSSPEISE

ZUTATEN

Für den Boden
200 g Mehl plus etwas
mehr für die Arbeitsfläche
1 Prise Salz
3 EL Zucker
1 TL Abrieb von 1 Bio-
Zitrone
Mark von 1 Vanilleschote
100 g kalte Butter, in kleine
Stücke gehackt, plus etwas
mehr zum Einfetten
1 Ei

Für die Crema Catalana:
1 l Vollmilch
½ Zimtstange
Abrieb von 1 Bio-Orange
Abrieb von 1 Bio-Zitrone
1 Zweig Rosmarin
1 Stängel Zitronengras
200 g Zucker
8 Eigelb
40 g Speisestärke

Außerdem:
Frischhaltefolie, Springform
(Ø 20 cm), Kuchengitter,
Sieb, Backpapier, Backblech,
Nudelholz

ZUBEREITUNG

Alle Zutaten für den Tarta-Boden mit den Händen rasch zu einem glatten Teig verkneten. Den Mürbeteig zu einer Kugel formen, in Frischhaltefolie wickeln und für 1 Stunde in den Kühlschrank legen. Den Backofen auf 200 °C vorheizen.

Den Teig auf einer bemehlten Arbeitsfläche ausrollen und mithilfe des Springformrandes rund ausstechen. Den Teig nun in die mit etwas Butter sorgfältig gefettete Springform geben und 15 Minuten im Ofen blindbacken. Anschließend den fertigen Boden herausnehmen und auf einem Kuchengitter vollständig auskühlen lassen.

Für die Crema Catalana die Milch mit Zimtstange, Orangen- und Zitronenschale, Rosmarin sowie Zitronengras in einen Topf geben, einmal aufkochen, den Topf vom Herd nehmen und zugedeckt einige Minuten ziehen lassen. Dann durch ein feines Sieb abgießen. In einem zweiten Topf die Hälfte des Zuckers mit den Eigelben und der Speisestärke verrühren. Die Gewürz-Milch langsam unterrühren und das Ganze unter Rühren kochen, bis eine cremige Konsistenz entsteht. Die Creme auf den Mürbeteig geben, gleichmäßig verstreichen und erkalten lassen.

Den Backofen auf 180 °C vorheizen.

Den restlichen Zucker in einer Pfanne unter Rühren karamellisieren, auf ein mit Back-papier belegtes Backblech gießen und erkalten lassen. Dann stückweise in einen Mixer geben und sehr fein zerkleinern. Die Karamellkrümel erneut auf Backpapier streuen und bei 180 °C im Ofen zusammenschmelzen lassen, aber nur ganz kurz. Erkalten lassen, in ein sauberes Geschirrtuch geben und mit einem Nudelholz zerkleinern. Die fertige Tarta damit bestreuen.

Sóller

Sóller wird auch das „Tal der Orangen" genannt und ist bekannt für das beste Orangen-Eis der Insel. Umgeben von einer Gebirgskette und Gärten voller Zitrusfrüchte, ist diese Gegend ein idealer Ort für idyllische Wanderungen. Ein kleines, wenn auch nicht ganz billiges Vergnügen für die ganze Familie ist die Fahrt mit dem „Orangen-Express" von Sóller nach Port de Sóller und wieder zurück. (Pro Person kostet die einfache Fahrt ca. 7 €.)

SCHOKO-ORANGEN-ROLLE

8 PERSONEN / SÜßSPEISE

ZUTATEN

4 Eier
100 g Zucker
100 g Mehl
2 EL Kakaopulver
½ TL Zimt
Puderzucker
4 EL Orangenmarmelade
40 g Vollmilch- oder Zartbitterschokolade (gerieben)

Für die Füllung:
2 Bio-Orangen
500 g Crème fraîche
Mark von 1 Vanilleschote
30 g Puderzucker
1 EL Bio-Orangenlikör
4 EL Orangenmarmelade
40 g Vollmilch- oder Zartbitterschokolade (gerieben)

Außerdem:
Schneebesen, Backblech,
Backpapier, ein sauberes
Geschirrtuch

ZUBEREITUNG

Den Backofen auf 200 °C vorheizen. Für den Biskuit die Eier trennen, die Eiweiße steif schlagen und beiseitestellen. Die Eigelbe mit dem Zucker sehr cremig schlagen. Das Mehl sieben und zusammen mit dem Kakaopulver und dem Zimt unter die cremige Masse rühren. Den Eischnee vorsichtig unterheben. Ein Backblech mit Backpapier auslegen, die Masse daraufstreichen und im Backofen 10–15 Minuten lang backen.

Das Geschirrtuch dünn und gleichmäßig mit Puderzucker bestreuen, den gebackenen Teig daraufstürzen und langsam mithilfe des Tuchs zu einer Rolle formen. Erkalten lassen!

Für die Füllung die 2 Orangen schälen und filetieren. In kleine Stückchen schneiden und ein Drittel zur Dekoration beiseitestellen. Die Crème fraîche mit dem Mark der Vanilleschote, dem Puderzucker und dem Orangenlikör verrühren. Die Orangenfilets unterheben.

Die erkaltete Biskuitrolle ausrollen und mit der Orangenmarmelade bestreichen. Darauf wiederum die Orangen-Füllung streichen. Dann den Teig erneut einrollen. Mit der geriebenen Schokolade bestreuen und mit den restlichen Orangenfilets garnieren. Kurze Zeit kalt stellen und dann servieren.

WER ZEIT HAT, KANN MIT ETWAS ZUCKER UND EIN PAAR FRISCHEN ORANGEN GANZ LEICHT EINE LECKERE MARMELADE ZUBEREITEN.

ELKES
REISETIPP

Valldemossa

Valldemossa ist ein wunderschönes Bergdorf im Nordwesten Mallorcas und auf alle Fälle einen Besuch wert. Besonders bekannt wurde es durch das kleine Chopin Museum. Der Komponist Frédéric Chopin verbrachte hier den Winter 1838/39 mit seiner Geliebten, der Schriftstellerin George Sand, die während dieser Zeit ihr Buch „Ein Winter auf Mallorca" schrieb.

Wir verbrachten eine Nacht im Hotel Allotjaments Serra de Tramuntana im alten Ortskern Valldemossas. Der freundliche Hotelier Juan servierte uns ein traditionelles Frühstück und erzählte uns unterhaltsame Geschichten dazu. So kamen wir in den Genuss mallorquinischer Spezialitäten, die wir ohne ihn wahrscheinlich nie probiert hätten. Wir nehmen uns vor wiederzukommen und fahren mit den Klängen Chopins durch eine zauberhafte grüne Landschaft voller prachtvoller Olivenbäume weiter nach Sóller.

AIOLI-KNOBLAUCH-MAYONNAISE

4 PERSONEN / DIP

ZUTATEN

3–4 Knoblauchzehen
1 Prise Salz
2 frische Bio-Eigelb
200 ml Olivenöl
frisch gepresster Zitronensaft
(optional)

Außerdem:
Stabmixer, Zitronenpresse

ZUBEREITUNG

Die Knoblauchzehen schälen und mit einer Prise Salz im Mörser zerstoßen. Den Knoblauch und die Eigelbe in einem hohen Rührbecher mit dem Stabmixer schlagen, dann das Olivenöl tropfenweise zufügen, bis die Masse cremig ist.

Nach Belieben mit Zitronensaft abschmecken.

ORANGENSALAT MIT GRANATAPFELKERNEN

4 PERSONEN / SALAT

ZUTATEN

4 Bio-Orangen
12 frische Datteln
1 EL Pinienkerne
1 EL Kürbiskerne
4 EL Orangenlikör
(alternativ frisch gepresster
Orangensaft)
½ Bio-Zitrone
Zimt
4 EL Granatapfelkerne

ZUBEREITUNG

Die Orangen schälen, von der weißen Haut befreien und quer in dünne Scheiben schneiden. Die Datteln vom Kern befreien und in längliche Stücke schneiden. Die Pinien- und Kürbiskerne ohne Öl in einer Pfanne rösten. Die Orangenscheiben und Dattelstücke auf den Tellern anrichten und mit den gerösteten Kernen bestreuen. Den Orangenlikör darübergeben und die halbe Zitrone einfach aus der Hand über den Tellern auspressen. Jeden Teller mit einer Prise Zimt und jeweils 1 Esslöffel Granatapfelkerne bestreuen.

DER GRANATAPFEL, AUCH „FRUCHT DER GÖTTER" GENANNT, IST REICH AN VITAMINEN UND WIRD ÜBERWIEGEND IM MITTELMEERRAUM UND ORIENT ANGEBAUT!

GATÓ DE ALMENDRA (MALLORQUINISCHER MANDELKUCHEN)

8 PERSONEN / SÜSSPEISE

ZUTATEN

250 g Mandeln
7 Eier
200 g Puderzucker plus etwas
mehr zum Bestäuben
Mark von 1 Vanilleschote
Abrieb von 1 Bio-Zitrone
1,5 TL Zimt
1 Msp. Salz
Öl zum Einfetten

Außerdem:
Schneebesen, Springform
(Ø 25 cm)

ZUBEREITUNG

Die Mandeln mit heißem Wasser übergießen, häuten und fein mahlen. Den Backofen auf 180 °C vorheizen.

Die Eier trennen. Die Eigelbe und den Puderzucker schaumig rühren. Vanillemark, Zitronenschale, Zimt und die Mandeln unterrühren. Die Eiweiße mit Salz steif schlagen und vorsichtig unterheben.

Die Springform mit Öl ausstreichen, die Masse hineingeben und für 55–60 Minuten backen. Den gestürzten und erkalteten Kuchen mit Puderzucker bestäuben und servieren.

TIPP:
ZU DIESEM KUCHEN
PASST HERVORRAGEND
EINE KUGEL EIS!

Sonja

Unser nächster Besuch führt in den Südwesten der Insel, nach Port d'Andratx, zur Künstlerin Sonja Ariel von Staden. Wir haben uns vor etwa drei Jahren bei einer Silvesterfeier auf Ibiza kennengelernt und sind uns dann auf dieser kleinen Insel immer mal wieder über den Weg gelaufen. Dennoch hat es fast zwei Jahre gedauert, bis wir uns endlich mal privat verabredeten. Das Treffen damals war der Grundstein für gemeinsames kreatives Schaffen. An diesem Nachmittag entstand die Idee für eine exklusive Serie von Kissen, Pullovern und vielem mehr mit Sonjas Entwürfen. Sie ist eine überaus begabte Malerin. Kaum zu glauben, wie schnell sie unsere Ideen umsetzen konnte. Innerhalb von Minuten war die Skizze eines Engels oder eines Einhorns auf einem Blatt Papier. Nie zuvor hatte ich jemanden so zeichnen sehen.

Sonja verlagerte ihren Lebensmittelpunkt kurze Zeit später nach Mallorca. Die vergleichsweise hohen Mieten auf Ibiza und die schlechten Flugverbindungen im Winter machten es ihr unmöglich, hier weiter arbeiten zu können. Sie gibt Seminare in Deutschland, Österreich und der Schweiz und muss daher öfter die Insel verlassen. Ich hatte ohnehin vor, nach meinem Ibiza-Kochbuch ein Mallorca-Kochbuch zu schreiben – ein willkommener Anlass, Sonja auf der Nachbarinsel zu besuchen. Im heißen August war es dann so weit!

Zusammen mit ihrem Kater „Simba" lebt Sonja in Port d'Andratx. Den beiden geht es hier richtig gut. Ihr Zuhause liegt zentral und dennoch ruhig: ob kurze Erledigungen im Supermarkt, ein kleiner Bummel durch die Fußgängerzone, auf ein Eis an die Promenade oder für einen Drink an den Strand, alles ist fußläufig erreichbar. Das Highlight aber ist der Weg zu einer kleinen Bucht. Dorthin gelangt man über eine Treppe und ist dann weit weg vom öffentlichen Stadtstrand und den vielen Menschen im Sommer. Gerade richtig für ein erfrischendes Bad, um mal kurz die Seele baumeln zu lassen und den Schiffen auf dem Meer zuzusehen! Danach geht es erholt und voller Tatendrang zurück in Sonjas kleines Paradies, wo sie sich ihrem Beruf, besser gesagt ihrer Berufung, widmen kann und ihrer Leidenschaft, dem Malen.

Sonja ist vielfältig begabt. In erster Linie gibt sie Seminare zur ganzheitlichen Persönlichkeitsentwicklung, aber sie ist auch spirituelle Inspiratorin, Künstlerin, Buchautorin, Beraterin, Schmuckdesignerin und vieles mehr. Zu Hause auf Mallorca gibt sie Malkurse und malt selbst jede freie Minute. Ihr Haus ist voller Kunst, ihre Bilder zieren die Wände und viele große Exemplare lehnen an der Wand und warten noch auf einen geeigneten Platz. Sämtliche Bilder schaue ich mir an. Und da ich nicht genug kriege, bekomme ich noch ein paar Mappen zur Ansicht und weiß gar nicht, ob der eine Nachmittag ausreicht, um alles anzusehen. Ich bin überwältigt von all den schönen Einhörnern, Engeln, Sternentoren … Dann begutachte ich noch ihren Schmuck und all die anderen kreativen Dinge, die Sonja

so verkauft. Sobald ich wieder zu Hause bin, nehme ich mir vor, werde ich mal in ihrem Onlineshop stöbern.

Wenn Sonja aufgrund ihrer Workshops und Seminare die Insel verlassen muss, kommt ihr Papa extra von Deutschland angereist, um sich um den kleinen Kater zu kümmern. Anschließend verbringen die beiden oft noch ein paar gemeinsame Tage und Sonja verwöhnt ihren Papa dann so richtig. Die Zeit mit ihm ist kostbar und sie genießen jeden Moment zusammen. Sie gehen schwimmen und erkunden die Insel. Besonders gern kocht und backt Sonja für ihren Papa.

Heute aber werden wir bekocht. Sonja legt größten Wert auf regelmäßige Mahlzeiten und gesundes Essen. Wir lassen es uns schmecken. Die kleinen Muffin-Pralinen zum Nachtisch sind so köstlich, dass ich

Im Laufe des Nachmittags noch einige [...] direkt kalt aus dem Kühlschrank nasche.

Sonja erzählt, dass ihr eigentliches Leben erst 2001 begann, im Alter von 31 Jahren. Sie nennt es ihr „Leben 2.0". Damals hatte Sonja ihre erste Begegnung mit einem Engel! Und das stellte alles bisher Erlebte infrage. Von nun an begann ein spirituelles Abenteuer. Sonja entdeckte ihre Aufgabe als Seelenspiegel und Engelmedium und wollte Wunder in das Leben ihrer Mitmenschen bringen. Wer mehr dazu erfahren möchte, kann dies in einem ihrer zehn Bücher nachlesen, unter anderem in ihrer Biografie. Auch ihre Homepage Sonjas-Engelwelt ist sehr informativ. Dort und auf Sonjas Youtube-Kanälen kann man ihren Tagesbotschaften lauschen. Vielen Menschen hilft sie, sich aus einem Tief zu befreien und wieder in den Alltag zurückzufinden.

Als es langsam Abend wird, schlendern wir ganz gemütlich runter an die Promenade, die sich jetzt im August mit vielen Menschen füllt. Es wirkt dennoch alles sehr ruhig und entspannt. Natürlich können wir an keiner Eisdiele vorbei, ohne uns etwas zu gönnen. Dann geht es in ein gemütliches Lokal, das sehr liebevoll eingerichtet ist. Wir nehmen Platz auf der Dachterrasse und haben einen herrlichen Blick über das Meer. Auf dem Hügel gegenüber gehen die ersten Lichter in den Häusern an. Und je dunkler es wird, desto zauberhafter wird die Kulisse.

Als ich Sonja kurz vor dem Abschied nach ihrer Vision für die Zukunft frage, sagt sie spontan: „Ich möchte die Menschen inspirieren und weltweit meine Bilder verkaufen. Dann möchte ich ein großes Haus kaufen, in dem Kinder aus allen Gesellschaftsschichten kostenlos ihre Kreativität ausleben können. Sie zu fördern, das wäre mir ein Vergnügen." Vielleicht geht das alles ja schon bald in Erfüllung, denn jeden Tag lernt sie neue Menschen auf Mallorca kennen. Inzwischen hat sie auch einen Galeristen gefunden und mit ihm die ersten Ausstellungen organisiert.

Sonja hat eine sehr liebenswerte Art und sehr gerne würde ich ein paar Tage länger bleiben, aber ich muss weiter auf meiner kleinen Reise zu interessanten Menschen auf Mallorca.

EXOTISCHE KÜRBISSUPPE MIT ZITRONE, MUSKATNUSS & ZIMT

4 PERSONEN / HAUPTSPEISE / VEGAN

* *

ZUTATEN

3–4 EL Kokosöl
2 Msp. Bourbon-Vanille
½ TL frisch geriebene
Muskatnuss
1 Prise Zimt
4–5 TL Steinsalz
frisch gemahlener schwarzer
Pfeffer
1–2 TL gemahlene Kurkuma
2 Schalotten
2 feste Bananen
1 Kürbis à 500 g
(z. B. Butternuss-Kürbis)
200 g Süßkartoffeln
100 g Kartoffeln
½ Bio-Zitrone
100 g Sahneersatz aus Soja
oder Kokos
3 EL Joghurtersatz aus Soja
Sojasoße zum Abschmecken

ZUBEREITUNG

Das Kokosöl erhitzen, dann die Gewürze hinein und kurz anrösten. Die Schalotten klein würfeln und im Öl goldbraun rösten. Das Gemüse grob würfeln und hinzugeben. Alles ein paar Minuten anbraten.

Wasser und Zitrone samt Schale hinzugeben und bei geschlossenem Deckel leicht siedend gar kochen, bis das Gemüse weich gekocht ist. Dann alles pürieren. Soja- oder Kokossahne und Sojajoghurt hinzugeben.

Zum Schluss mit Sojasauce abschmecken und genießen.

TIPP: Wer es gern scharf mag, kann etwas Currypaste hinzugeben.

IM SOMMER EHER MEHR VERDÜNNEN, IM WINTER ALS SÄMIGEN EINTOPF SERVIEREN.

GEMÜSEPUFFER MIT KÄSE & SOJA-DIP

4 PERSONEN / HAUPTSPEISE / VEGETARISCH

ZUTATEN

200 g Süßkartoffeln
200 g Zucchini
200 g Möhren
300 g Kartoffeln
1–2 Zwiebeln oder
Schalotten (optional)
100–200 g fester Käse (z. B.
Emmentaler oder Gouda)
2 Eier
2 EL Chiasamen
3 EL Sesamsamen
1 Msp. geriebene Muskatnuss
2 Zweige Rosmarin
(Nadeln abgezupft)
2 Zweige Thymian
(Blättchen abgezupft)
1 Msp. geriebene Muskatnuss
EL Kokos- oder
Sonnenblumenöl
Salz und Pfeffer

Für den Dip:
300 g Joghurtersatz aus Soja
(natur)
100 g Ricotta
2 TL Steinsalz
frisch gemahlener schwarzer
Pfeffer

ZUBEREITUNG

Das Gemüse, die Kartoffeln und die Zwiebeln schälen und klein hobeln, dann in eine Schüssel geben.
Den Käse nach Belieben fein oder grob hobeln und
zum Gemüse geben. Eier, Chia- und Sesamsamen
zugeben, mit Muskat, Salz und Pfeffer würzen und
alles gut durchmischen. Beiseitestellen und durchziehen lassen.

Die Kräuter grob hacken und in etwas Öl rösten.
Abkühlen lassen und dann die Hälfte unter die Puf-
fermischung heben, den Rest für den Dip beiseitestellen.

Öl in einer großen Pfanne erhitzen und mit einem
Löffel beliebig große Puffer hineingeben. Leicht
andrücken und von beiden Seiten knusprig braten.
Veganen Joghurtersatz und Ricotta vermengen, würzen und die restlichen gerösteten Kräuter unterrühren.

Die fertigen Puffer auf Tellern anrichten und jeweils
einen großen Klecks Dip zugeben.

TIPP: Statt frischer Kräuter kann man auch tiefgefro-
rene oder getrocknete verwenden, zum Beispiel eine
Mischung à la Provence.

AUSSERDEM: KÜCHENREIBE

DER DIP PASST AUCH HERVORRAGEND ZU DEM CHICORÉE-AVOCADO-SALAT VON SEITE 178.

CHICORÉE-AVOCADO-SALAT

4 PERSONEN / VORSPEISE / VEGAN

ZUTATEN

500 g Chicorée
2 feste Avocados
100 g Papaya
50 g Heidelbeeren zum Garnieren
(frisch oder TK)

1 gehäufter TL Marmelade
(Erdbeere oder Himbeere), alternativ
Agavendicksaft
Salz und frisch gemahlener
schwarzer Pfeffer

Für das Dressing:
Joghurtersatz aus Soja
2 EL Olivenöl
Abrieb und frisch gepresster Saft
von einer ½ Bio-Zitrone

Außerdem:
Zitronenpresse

ZUBEREITUNG

Chicorée putzen und in feine Streifen schneiden. Wer es nicht gerne bitter mag, sollte den weißen Strunk entfernen. Avocados und Papaya schälen und in Würfel mit 1 Zentimeter Seitenlänge schneiden. Eine Handvoll der Papayawürfel zum Anrichten beiseitestellen. Für das Dressing alle Zutaten vermengen und nach Belieben würzen.

Das Dressing über den Salat geben, abdecken und im Kühlschrank etwas durchziehen lassen.

TIPP: Den Salat als Beilage zu den Gemüsepuffern (siehe Seite 176) servieren und mit Papayawürfeln und Heidelbeeren garnieren (siehe Foto).

MUFFINPRALINEN MIT CRANBERRYS UND WEISSEM SCHOKOLADENGUSS

4 PERSONEN / SÜSSPEISE / VEGETARISCH

ZUTATEN

1 Ei
4 EL Kokosöl
75 g Zucker
100 g Joghurtersatz aus Soja
2 Msp. Bourbon-Vanille
2 TL Vanille-Puddingpulver
1 TL frisch gepresster Saft von
1 Bio-Zitrone
1 TL Abrieb von einer Bio-Zitrone
50 g feines Vollkornmehl
(z. B. Dinkelmehl)

60 g Kokosmehl
1 TL Backpulver
ca. 4 EL Milch
100 g Cranberrys
100 g weiße Schokolade

Außerdem:
Schneebesen, Zitronenpresse, kleine Muffin- oder Pralinenförmchen

> TIPP:
> IM SOMMER SCHMECKEN DIE MUFFIN-PRALINEN AM BESTEN, WENN SIE DIREKT AUS DEM KÜHLSCHRANK KOMMEN.

ZUBEREITUNG

Ei, Öl und Zucker schaumig schlagen. Joghurtersatz aus Soja zufügen und gut durchmischen. Die Vanille, das Puddingpulver, den Zitronensaft und die Zitronenschale unterrühren. Vollkorn- und Kokosmehl mit dem Backpulver vermengen und ebenfalls zu der Masse geben. Den Backofen auf 180 °C vorheizen.

So viel Milch hinzufügen, bis der Teig geschmeidig ist. Den fertigen Teig in kleine Muffin- oder Pralinenförmchen aus Papier oder Silikon geben. In die Mitte jeweils eine Cranberry drücken und mit etwas Teig bedecken. Bei 180 °C so lange backen, bis die Oberfläche leicht gebräunt ist. Je nach Größe der Pralinen dauert das ca. 7–12 Minuten. Herausnehmen und abkühlen lassen. Die Schokolade im Wasserbad schmelzen und auf die Muffinpralinen streichen. Wenn noch Cranberrys übrig sind, diese fein hacken und auf die noch flüssige Schokolade streuen.

Valeska und Clemens

Heute geht es für eine Reportage nach Campos. Hinter dem Strand Es Freu de ses Covetes befindet sich die Bar Esperanza von Valeska Kraft und Clemens Komossa. Wir sind zum gemeinsamen Mittagessen verabredet und wollen später mit ihnen in ihr zweites Zuhause nach Santa Catalina fahren.

Die stylishe Strandbar ist mit sehr viel Holz und langen Bänken mit gemütlichen Kissen eingerichtet. Das schwarz-weiße Bild eines Wals ziert die weiße Wand, maritime Gegenstände baumeln von der Decke. Beim Blick auf die Speisekarte spürt man die Vorliebe der Besitzer für lateinamerikanische und asiatische Gerichte. Bei dieser Auswahl fiel uns die

Entscheidung nicht leicht. Schließlich entschieden wir uns für zwei köstliche peruanische Gerichte. Zum Dessert bestellten wir einen leckeren Brownie mit Vanilleeis und Ananasstückchen. Das Menü war so ausgezeichnet, dass wir direkt um die Rezepte baten, um sie in dieses Buch mit aufzunehmen.

Valeska und Clemens stammen aus Düsseldorf und leben inzwischen seit ein paar Jahren auf Mallorca. Valeska Kraft war schon immer sehr reiselustig, an keinem Ort hielt es sie lange. Sie besuchte eine Kunstschule für Bühnenbildmalerei in Brüssel. Danach ging sie nach Südafrika und arbeitete in einem Selbsthilfeprojekt für Frauen. In Indien absolvierte

sie später eine Ausbildung zur Kundalini-Yoga-Lehrerin. Irgendwann zog es sie nach Ibiza, wo sie im Tourmanagement beschäftigt war. Auch Clemens Komossa ist ein Weltenbummler, genau wie Valeska. Beide haben eine Vorliebe für Südostasien und Lateinamerika. Nach seinem Studium zum Medien- und Kulturwissenschaftler war Clemens viel auf Reisen, bis er Valeska 2007 auf Ibiza besuchte. Sie kannten sich schon lange aus Düsseldorf, aber eine feste Beziehung hatte sich nie ergeben. Das geschah dann erst auf der magischen Insel Ibiza.

Natürlich flog Clemens nicht mehr zurück nach Deutschland, sondern lebte ab sofort mit Valeska zusammen in der kleinen Wohnung in der Calle de la Virgin mitten in der Altstadt von Ibiza-Stadt. Die Straße liegt inmitten von Bars und Restaurants und ist einer der Brennpunkte von Ibizas Nachtleben. Clemens jobbte in der Gastronomie und bei einem Veranstalter für Jeep-Safaris, bis ihr Sohn Rio geboren wurde. Mit ihm ging es dann auf eine große Reise durch Südamerika, Costa Rica und Indien.

Als ihr zweiter Sohn Carlo geboren wurde, kamen Valeska und Clemens zurück nach Deutschland, wo sie ab 2011 im Berliner Stadtteil Schöneberg lebten.

Drei Jahre lang fühlte sich die Familie hier sehr wohl, schließlich hat die Hauptstadt einiges zu bieten. Für Clemens, der sich inzwischen auch als Food-Autor für Reise- und Städtemagazine einen Namen gemacht hatte, gab es hier viel zu tun.

Eines Tages kam ein Stellenangebot aus Mallorca und die beiden überlegten nicht lange. Sie verkauften ihre Wohnung in Berlin und zogen auf die Insel. Zuerst lebten sie in Santanyí und dann ein paar Jahre in einem Stadthaus in Ses Salines. 2015 entdeckten sie das große Haus mit

Wohnung und Restaurant in der zweiten Meereslinie am Strand von Ses Covetes. Sie waren sich sofort einig, hier wollten sie leben und arbeiten. Ein Konzept ließ auch nicht lange auf sich warten und ein Jahr später eröffneten sie die Bar Esperanza. Beiden merkt man ihre Liebe zur Gastronomie an, gemeinsam mit ihrem Team kümmern sich Valeska und Clemens liebevoll um ihre Gäste und haben für jeden ein offenes Ohr. Das ganze Ambiente zieht nicht nur Touristen, sondern auch viele Stammgäste an, die es sich auf den Holzbänken gemütlich machen oder von der Sonnenterrasse aus den Blick aufs Meer genießen.

Die dazugehörige Wohnung ist natürlich auch ein Glücksfall, so kann die Familie in den Sommermonaten hier leben. Im Winter hingegen wird es ruhiger, und da Valeska und Clemens gerne ausgehen und auch das Stadtleben lieben, entschieden sie sich für eine zweite Wohnung in Santa Catalina. Dieser Stadtteil von Palma ist inzwischen das Szeneviertel Palmas. Hier reihen sich zahllose internationale Restaurants aneinander. Da die Stadt in unmittelbarer Nähe ist, sorgen auch Kinos und Theater für Abwechslung, und es gibt unzählige Shoppingmöglichkeiten. Hier kommt keine Langeweile auf! Auch die Freie Aktive Schule der beiden Söhne liegt etwas nördlich von Palma auf dem Land. Die Wohnlage ist perfekt für die ganze Familie.

Die große geräumige Stadtwohnung befindet sich in einem wunderschönen Altbau mitten in Santa Catalina, nicht weit entfernt von der Markthalle, in der Clemens jeden Morgen seine frischen Zutaten fürs Restaurant einkauft. Auch die Einrichtung hier ist sehr stilvoll. Exotische Accessoires aus aller Welt erinnern an Valeskas und Clemens' Reisen. Valeska hat eine Leidenschaft für bunte Teppiche, besonders aus Marokko. Die zieren die Böden der Kinderzimmer und des Wohnzimmers. Die Wände stehen voller Bücherregale. Vom Küchenfenster aus hat man einen postkartenreifen Blick auf die großen Kreuzfahrtschiffe und den Hafen Palmas. Vor dem Balkon im Innenhof steht eine prachtvolle Palme. Das vervollständigt den exotischen Eindruck.

Die freie Wahl zwischen Stadt- und Strandleben zu haben, erscheint mir traumhaft.

Ich bin neugierig, was Valeska und Clemens sich für die Zukunft wünschen, und frage nach.

Rio und Carlo möchten jedenfalls keinen Tag auf die Schule verzichten, so viel Spaß macht es ihnen dort. Wir waren mehr als überrascht über den heftigen Protest, als Valeska ihnen mitteilte, dass sie wegen des Fotoshootings am nächsten Tag nicht zur Schule gehen könnten. Diese Reaktion hatte ich bei Schulkindern noch nie gesehen. Nicht ohne Grund hatten ihre Eltern genau diese Schule für sie ausgewählt. Sie wollten, dass die Jungs ohne Zwang und mit Begeisterung zur Schule gehen und dort all ihre Fähigkeiten gefördert werden.

Valeska und Clemens möchten natürlich reisen. Peru, Ecuador und Kolumbien stehen im folgenden Winter auf dem Plan.

Ob die Familie für immer auf Mallorca bleiben wird, können Valeska und Clemens im Moment noch nicht beantworten, denn die Welt ist voller schöner Plätze, an denen neue Projekte warten.

189

CAUSA POLLO MIT HUANCAÍNA-SOßE

4 PERSONEN / HAUPTSPEISE

ZUTATEN

800 g Papas Amarillas
(gelbe Kartoffeln) oder
andere mehlige Kartoffeln
4–6 Bio-Limetten
4–6 Stück Aji Amarillo
(peruanische Chilischoten,
alternativ als Paste, beides
online oder im Feinkost-
geschäft erhältlich)
Salz
400 g Hühnerbrust
½–1 l Gemüsebrühe
1 reife Avocado
Schnittlauch oder Sprossen
zum Garnieren

Für die Huancaína-Soße:
1 mittelgroße Zwiebel,
fein gehackt
5 Knoblauchzehen,
fein gehackt
Olivenöl
4 Stück Aji Amarillo (s. o.)
1 Prise Zucker
Salz
50 g salzige Cracker
200 g Frischkäse

ZUBEREITUNG

Die Kartoffeln abspülen, kochen, pellen und sie dann durch die Kartoffelpresse drücken.

Die Limetten auspressen, den Saft zusammen mit den Chilischoten fein pürieren und mit der Kartoffelmasse vermengen. Mit Salz würzen.

Das Huhn in der Gemüsebrühe für 10 Minuten kochen, dann abkühlen lassen und mit 2 Gabeln faserig zerzupfen.

Für die Huancaína-Soße die Zwiebel und den Knoblauch in etwas Olivenöl glasig dünsten. Die Chilischoten hinzufügen, kurz mitdünsten und abkühlen lassen. Zusammen mit Zucker, Salz, Crackern und Frischkäse pürieren.

Die Avocado von Schale und Kern befreien. Das Fruchtfleisch in feine Stücke schneiden. Zum Anrichten einen Dessertring auf einen Teller stellen und die Zutaten aufschichten: zunächst etwas Kartoffelmasse (bis auf ein Drittel der Höhe), dann ein paar Stücke Avocado, dann etwas Huhn und Huancaína-Soße und dann abermals Kartoffelmasse, Huhn und Soße. Das Ganze mit gehacktem Schnittlauch oder Sprossen garnieren. Den Ring entfernen und etwas Soße auf die Teller gießen.

AUßERDEM:
KARTOFFELPRESSE, ZITRONENPRESSE,
PÜRIERSTAB, DESSERTRING(E) ZUM ANRICHTEN

PRINTED IN INDIA

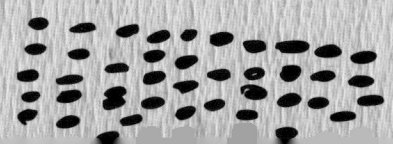

LOMO SALTADO

4 PERSONEN / HAUPTGERICHT

ZUTATEN

4 große Kartoffeln
Öl zum Frittieren und zum
Braten
200 g Basmatireis
600 g Bio-Roastbeef in
Streifen (gegen die Faser
geschnitten)
1 große Möhre, in feine
Scheiben gehobelt
2 mittelgroße Zwiebeln, in
grobe Scheiben geschnitten
1 kleine Paprika, in feine
Streifen geschnitten
3 große Tomaten, in Achtel
geschnitten
1 Knoblauchzehe,
fein gehackt
1 kleine rote Chilischote,
fein gehackt
1 Stück Ingwer (1 cm),
geschält und fein gehackt
Sojasoße
Reisessig
1 Handvoll frischer, gehackter Koriander plus ein paar
Blättchen zum Garnieren

Außerdem:
Fritteuse (wenn vorhanden),
Wok

ZUBEREITUNG

Kartoffeln schälen, in Scheiben schneiden und bei 160 °C 8 Minuten lang frittieren. Abkühlen lassen. Wer keine Fritteuse hat, kann die Kartoffeln auch im Topf frittieren oder auf einem Backblech im Ofen backen.

Reis nach Packungsanleitung zubereiten.

Den Wok auf größter Flamme erhitzen und das Fleisch in Öl scharf anbraten, dann beiseitestellen. Möhre, Zwiebeln, Paprika, Tomaten, Knoblauch, Chili, Ingwer bei großer Hitze im Wok schwenken, bis alle Zutaten leicht gegart, aber noch bissfest sind. Mit reichlich Sojasoße und Reisessig ablöschen.

In der Zwischenzeit die Kartoffeln noch einmal 3 Minuten bei 190 °C kross frittieren.

Das Fleisch zum Gemüse geben, reichlich gehackten Koriander zufügen und nochmals schwenken. Mit Reis und Kartoffeln servieren.

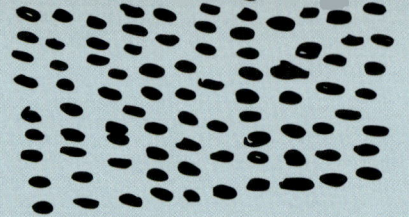

BROWNIES

4 PERSONEN / SÜßSPEISE / VEGETARISCH

ZUTATEN

200 g dunkle Schokolade
(mind. 70 % Kakaoanteil)
100 g Butter plus etwas
mehr zum Einfetten
4 Eier
150 g Zucker
150 g Mehl plus etwas
mehr zum Bestäuben
1 Pk. Backpulver
15–20 g echter Kakao
½ TL Salz

Außerdem:
**Handrührgerät oder
Schneebesen,
Brownie-Backform,
alternativ kleine,
rechteckige Backform**

ZUBEREITUNG

Den Backofen auf 180 °C vorheizen.

Die Schokolade und Butter im Wasserbad erwärmen.
Eier und Zucker in einer Schüssel schaumig schlagen.
Die flüssige Butter und Schokolade langsam einrühren. Mehl, Backpulver und Kakao darübersieben, Salz
zufügen. Mit einem Holzlöffel unterheben. Die Backform einfetten und mit Mehl bestäuben. Den Teig
einfüllen und bei 180 °C 25–30 Minuten auf mittlerer
Schiene backen.

Den fertigen Kuchen in handliche Brownie-Stücke
schneiden.

Bar Esperanza

Das Team

Elke
IDEE, TEXT
UND REZEPTE

Simone
GRAFIKDESIGN UND
ILLUSTRATION

Peace and Love

Nevin
REDAKTION UND FOODSTYLING

Stefan
FOTOGRAFIE

Adressen

TEAM
Autorin: Elke Clörs
Fotografie: Stefan Clörs
Redaktion & Foodstyling:
Nevin C. Nikolai
www.starsofibiza.de
mail@starsofibiza.de

Grafikdesign und Illustration:
Simone Ruths
www.rosavision.de
www.rosaschnee.de

Teamfoto: Gary McGrath
garymcgrath1@hotmail.com

SUSANNE & SEBASTIAN
Susanne Bähre
susannebaehre@yahoo.de

Sebastian Goder
info@sebastiangoder.de
www.sebastiangoder.de
www.dieliebedeineslebens.com
www.mindlifebalance.de
www.mindlifeshop.de

HEIKE & MARCO
Heike Seita
info@kids-up-mallorca.de
www.kids-up-mallorca.de

Marco Seita
mseita@medisport-mallorca.com
www.medisport-mallorca.com
Praxis: Dr. Marco Seita
Plaza Mirador de Bendinat / Local 4-D
E-07181 Bendinat/Calvia
Tel: 0034-661939395 / 0034-971133811

PETRA & HENNING
Petra und Henning Bensland
www.calreiet.com
Holistic Retreat Cal Reiet
Carrer de Cal Reiet 80
E-07650 Santanyi – Mallorca
Tel.: 0034-971947047

Petra Bensland
www.yoga-elements.ch
Yoga-Elements am Zürichsee
Generalvillestr. 108
CH – 8706 Feldmeilen
Tel.: 0041-449232353

KIKI & BERND
Kirsten Sproet
kiki@mimarbalear.com
www.mimarlifestyle.com
Geschäft: Mimar
Carrer Bisbe Verger 25
E-07650 Santanyi-Mallorca

Bernd Witmann
www.incompar.com
Geschäft: Incompar Balear S.L.
Calle Bisbe Verger 1
E-07650 Santanyi-Mallorca
Tel.: 0034-971642204

SILJE & GYANMITRA

Silje Dubey
tipimallorca@gmail.com
www.tipimallorca.com

Gyanmitra Rajeev Dubey
swanyogagoa@gmail.com
www.swan-yoga-goa.com
Yogaretreat:
SWAN Yoga Retreat Goa India
101/4 Bairo Alto
Assagao, Bardez - Goa, India
Tel.: 0091-832-2268024

SABINE & GÜNTHER

Sabine Gasser und Günther Lechthaler
finca.vivalavida@gmail.com
www.vivalavida-mallorca.com
Tel.: 0034-634325379

MARIA

Maria Gwosdz
info@domusartmallorca.com
www.domusartmallorca.com
Galerie: Naturart S.L.
domusART
Calle Ciutat 12
E- 07570 Artá – Mallorca
Tel.: 0034-971836969

CAROLA & LUIS

Carola Prang und
Luis Alejandro Gomez Tondreau
info@luisvintage.com
www.luisvintage.com

NICOLE & TIMO

Nicole Hempel und Timo Koch
info@candavero.de
www.candavero.de
www.resident-wein.com
Weingut & Landhotel CAN DAVERO
Cami de Ollers
E-07350 Binissalem-Mallorca
Tel.: 0034-637475720

SONJA

Sonja Ariel von Staden
mail@sonja-ariel.com
www.sonjaariel.com

VALESKA & CLEMENS

Valeska Kraft und Clemens Komossa
info@esperanza.bar
www.esperanza.bar
Bar Esperanza
Carrer Covetes
E-07639 Campos
Tel.: 0034- 608622165

VIELE PERSONEN HIER SIND AUCH BEI FACEBOOK, INSTAGRAM ODER YOUTUBE ZU FINDEN.

Register

EAT, DRINK AND
BE MERRY!

SANTA CATALINA
· THOMAS ·
PREGAU PER NOSALTRES

Danke

Ein riesiges Dankeschön an meine großartige Familie auf Ibiza und in Deutschland, die mich wie immer bei all meinen Projekten und Ideen, egal wie verrückt sie auch sind, tatkräftig und geduldig unterstützt.

Danke an Stefan, meinen Mann und großartigen Fotografen, der es oft wegen des Regenwetters bei den letzten Reportagen nicht leicht hatte und mit gezückter Kamera auf ein paar Sonnenstrahlen wartete. Er hat alle Szenen so eingefangen, wie ich es mir wünschte, und hat eine tolle Arbeit geleistet.

Danke an Nevin, meine Tochter, die mir alle lästigen Arbeiten am PC abnahm (den ich ja ohnehin nicht beherrsche), den ganzen Papierkram bearbeitete, Termine vereinbarte, mich mit ihren guten Spanischkenntnissen unterstützte und alle Rezepte in Form gebracht hat. Besonders danke ich ihr auch für ihren guten Geschmack beim Styling der Foodfotografie und für ihre konstruktive Kritik!

Danke an Simone, meine Freundin und die beste Grafikerin der Welt. Seit vielen Jahren ist sie die Seele unseres Geschäfts. Sie betreut seit 2012 unser Modelabel Stars of Ibiza und gestaltet unseren Onlineshop. Ohne sie wäre mein erstes Buch Happy Hippie Cooking Ibiza niemals entstanden. Es vergeht kein Tag im Sommer auf Ibiza, ohne ein großes Lob der Kunden an die Grafikerin für das einzigartige Cover und die besonders liebevolle Gestaltung. Das neue Mallorca-Buch war eine echte Herausforderung. Obwohl wir in zwei verschiedenen Ländern leben, haben wir es geschafft, mit schlechter Telefonverbindung und schleppend langsamem Internet dieses zweite wunderschöne Buch zu gestalten.

TRÄUME NICHT DEIN LEBEN – LEBE DEINE TRÄUME!

Danke an meine Mama in Deutschland, die ich leider viel zu selten besuchen konnte während dieser Zeit, und wie immer danke ich auch meinem Bruder Werner Laber und meiner Schwester Gudrun Rzepka, die sich während unserer langen Abwesenheit um alles kümmern, was in Deutschland anfällt, und mir immer den Rücken freihalten.

Danke an alle Mitwirkenden für die tollen Gespräche, das gute Essen und die Gastfreundschaft.

Danke an unsere liebe Nachbarin Helen Schreiner, die uns so viel über Mallorca erzählt hat, die Texte Probe gelesen hat, Rezepte probiert und uns „Sunna", ihr Pferd, für unser Teamshooting ausgeliehen hat. Das war eine großartige Idee.

Ja, und ein riesengroßer Dank geht natürlich an meinen außergewöhnlichen Verleger Wolfgang Hölker und seine liebenswerte Frau Siggi Spiegelburg. Danke für das schöne Treffen, die Motivation und das Vertrauen in uns Happy Hippies und danke an das Verlagsteam.

Mein letzter Dank geht an die Leiterin des Hölker Verlags und ganz besondere Lektorin, Dagmar Becker-Göthel, für die unkomplizierte, geduldige Zusammenarbeit.

Es war eine wunderschöne Zeit, die ich nie vergessen werde, und ich hoffe, wir sehen uns alle bald wieder!

IMPRESSUM

5 4 3 2 1 22 21 20 19 18
ISBN 978-3-88117-185-4

FOTOGRAFIE:

Stefan Clörs (www.starsofibiza.de)
S. 196 - 199, 205 Gary McGrath

LAYOUT, COVERGESTALTUNG, ILLUSTRATION UND SATZ:

rosavision, Simone Ruths (www.rosavision.de)

WEITERE ILLUSTRATIONEN:

Palme, Einband, Pia Robinson, www.saffoibiza.jimdo.com

LITHO:

FSM Premedia, Münster

© 2018 Hölker Verlag in der Coppenrath Verlag GmbH und Co. KG,
Hafenweg 30, 48155 Münster, Germany
Alle Rechte vorbehalten, auch auszugsweise

www.hoelker-verlag.de